網絡孩子

父母教養新思維

上官賢恩 編著

網絡孩子——父母教養新思維
編著／上官賢恩
策劃編輯／伍詠慈
翻譯／張碧嘉
美術設計／陳詩韻
出版發行／突破出版社
香港沙田亞公角山路 33 號突破青年村
電話：2632 0000　傳真：2632 0388
電郵：breakthrough@breakthrough.org.hk
網址：http://www.breakthrough.org.hk
http://www.btproduct.com
承印／海洋印務
2015 年 1 月初版 1 刷

Parenting the Net Generation
by Grace Shangkuan Koo
First Printing, First Edition, January 2015

Printed in Hong Kong
ISBN 978-988-8246-45-8

本書經文取自《聖經和合本》，版權為香港聖經公會所有，承蒙允准採用，特此鳴謝。

誠邀閣下就突破出版社的書籍發表意見

歡迎加入突破書籍 Facebook page — http://www.facebook.com/btbooks.page

本書採用環保油墨印刷

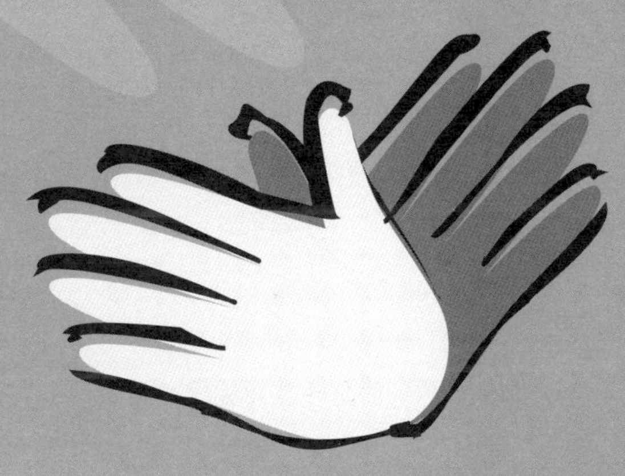

栽培新一代

年輕的心 驛動卻美麗

認識 貼近

關愛 同行

建造新一代更動人的生命

目錄

序

鄭弼亮 香港教育城行政總監 8

李展熙 香港基督教服務處網絡沉溺輔導中心主任 10

許芷茵 《黃巴士 Light》總編輯、兒童教育工作者 12

柯佳列 親子讀書會「綠腳丫」發起人 14

導言：家長們，你有多認識網絡科技？ 上官賢恩 16

第一部分 新媒體是孩子的父母？——認識網絡對孩子的塑造能力

孩子尚未上學，每天已可以接觸電子產品，家長可知道這些新科技對孩子有何影響？原來在不經不覺間，數碼科技、社交媒體已在塑造孩子的生活、個性、態度和行為。

1 有智能手機，無智能父母？ 28

梁永泰 突破機構總幹事、資深青年工作者

父母教養新思維：培育子女的資訊素養 36

2「你就是年度人物」：
從網誌和社交網絡中認識自己 38
上官賢恩　教育心理學家
父母教養新思維：對社交平台的警醒 51

第二部分　**新媒體成為老師？——**
善用新科技，幫助孩子學習

數碼科技如何影響基本的學習過程，家長應怎樣幫助孩子？

3 **E世代的識字教育：每個家長都要知道的事** 54
葛嘉蓮　教育及語言學者
父母教養新思維：孩子學習的裝備 70

4 **文字的現代衝擊** 72
高晶儀　語文科講師
父母教養新思維：從網絡吸收養分 80

第三部分 如何應對網絡帶來的問題？——為網絡孩子「趨吉避凶」

網上欺凌、沉溺電子遊戲都是容易出現在孩子身上的問題，家長如何應對？家長如何為孩子訂立使用電子科技的家庭守則？

5 保護孩子免受網上欺凌 84

上官賢恩 教育心理學家

父母教養新思維：避免網上欺凌 103

6 如何避免沉迷電子遊戲：成年玩家的經驗 104

上官賢恩 教育心理學家

父母教養新思維：電子遊戲的益與害 120

7 智慧運用互聯網，全家一起成長 122

利安祖 心理學者、母親

父母教養新思維：有智慧使用互聯網 131

第四部分　科技再想像——讓科技成為你和孩子的學習工具

互聯網除了是讓我們消遣的「地方」，家長有否想過還可以怎樣應用呢？要建立孩子的資訊素養，由善用科技開始。

8 網上婚姻教育資源　134

查珍妮　婚姻教育工作者

父母教養新思維：善用網上資源　143

9 撰寫網誌與心性操練　144

施正和　博客

父母教養新思維：學習寫作　155

總結：互聯網與你的九種關係　上官賢恩　156

鄭弼亮先生序

當父母是責任重大的終身職業。懷胎十月，教養二十年，每個家長都想在子女最初的人生路拚盡全力，給孩子最好的機會，讓他們擁有美好的將來。

活在 E 世代，家庭和學校不再是孩子世界的全部。打開電視，啟動平板電腦，接通互聯網，簡直天外有天，人外有人。資訊科技的發達，既使我們的生活得到改善，溝通方式更為便利，休閒娛樂活動更多選擇，也讓學與教模式面臨翻天覆地的改變。

數碼化的學習模式，使學習材料更配合學生的需要，緊貼時代的轉變。因為電腦和互聯網的普及，孩子可以使用軟件率先自學相關課題，如閱讀有關的文章、觀看相關影片、蒐集資料，或做簡單的練習，然後將疑問帶回課堂請教老師、將實踐的經驗與同學討論分享。這些互動的方法，可以使學與教更有效率，幫助孩子更熟習所學，對知識掌握得更透徹。

要讓 E 世代得到學習的好處，必須及早幫助他們建立資訊素養和正確的價值觀。互聯網上有很多資訊，辨別資訊的真偽和優劣，是我們必須無時無刻不斷去做的事。我們這一輩在比較單純的年代成長，從前所學的有助我們快速閱讀、評估和分析大量資訊，面對今時今日的「爆棚」資訊，我們可能會比 E 世代的孩子較有經驗、較強的專注力和耐性。

E 世代孩子習慣了所有事都是即時發生的，家長要與他們維繫感情，自然需要拉近與他們的距離。現今孩子都會透過多媒體、互聯網來溝通以至學習，我們也要主動接觸網上資訊，認識網絡科技。若在使用相關軟件時感到困難，不妨跟適應力強的孩子聊聊，請教他們，或與他們一起摸索。與此同時，面對着重活在當下、普遍較為性急的E世代，父母可透過日常生活的管教和訓練，協助他們培養等待的能力，學習如何默想和忍耐，並嘗試深度思考。互相學習及影響，才能真正做到與孩子同行，增進彼此關係。

多媒體、電子產品、互聯網等等，全部都是可以運用的工具和資源。「水能載舟，亦能覆舟」，正如電話本身只是方便溝通的工具，沒有善惡之分，交談的內容和效果，其實取決於溝通雙方如何説話、聆聽，拿着電話的人才是關鍵。我們可以使用資訊科技，好好與E世代的年輕人同行，培養他們成為健康、醒目、有品德的人。這本書收錄了多位專家的文章，有助各位願意跟家中年輕人融洽相處的父母學習如何踏出第一步，跟孩子一同面對E世代的各種衝擊。電子時代的新觀念、新文化，跟我們　直相信的可能有差別。透過本書的導航，有助家長們明白自己在資訊爆炸年代的角色，懂得如何和孩子闖進數碼世界，在資源豐富的環境下健康成長。

鄭弼亮
香港教育城行政總監

李展熙先生序

感謝突破出版社邀請本人為《網絡孩子 —— 父母教養新思維》撰寫序言，有幸透過文字與上官賢恩博士及一眾學者交流想法，實感榮幸；而文中所述的不同範疇，更讓本人大開眼界，希望有機會與諸位作更多討論。

突破機構總幹事梁永泰博士，在第一篇〈有智能手機，無智能父母？〉中闡述他所看到的數碼鴻溝，他以「麥子與稗子一同成長」帶出對數碼世界的觀察；既給我們的子孫一個遼闊的知識平台，同時又令青少年在網絡世界中，目不轉睛地滿足自己的成長需要，實在讓父母不知如何是好。這種對不同年代成長模式的反思，繼而產生的價值觀衝突，實在值得各位讀者一同思考。

上官博士以〈你就是年度人物：從網誌和社交網絡中認識自己〉，陪伴讀者思考現今的青少年，如何在網絡世界為自己作出定位，當代青少年的自我形象不單建構於家庭、學校、社會；而是由一個充滿陌生人的網絡世界中互動而成，當中充滿的不穩定性上一代很難理解，而當中的「危」與「機」亦讓管教更趨複雜，章節尾段提出如何運用新媒體的五個反思範疇，也是一個不錯的參考。

在日常的前線工作中，經常被家長問到如何與子女面對數碼科技，第三篇的〈E 世代的識字教育：每個家長都要知道的事〉可讓大家找到一點頭緒。筆者讓我感到電腦及網絡，於孩子而言，與書本及玩具無異，最重要還是父母願意同行，讓管教能融化在互動過程中，從而代替一條條的規則，培養出子女的自制能力。

如何避免沉迷電子遊戲？上官博士提出的自我認識與自制，絕對值得各位家長參考。透過兩個故事分享（包括其兒子），我們有機會了解更多不同想法。上官博士幫助讀者從多角度思考電子遊戲的好與壞，有助豐富讀者對這課題的認識。博士提出的「家長責任」小測驗，絕對是一個好好的探熱針，讓家長意識到及早尋找協助，防患於未然。

總括而言，全書讓讀者反思網絡世界與我們生活的互動，並且如何影響着新一代的成長。諸位作者都讓我更仔細地看到在不同範疇，大家如何善用網絡世界的優勢，同時又如何留心應對它帶來的陷阱與危機。本人曾與超過千位面對網絡沉溺問題的家長，作經驗分享或介入其家庭，或多或少認同書中建議，家長最要着重的還是子女本身，而非電腦網絡世界的表面威脅。

「水能載舟，亦能覆舟」，願各位家長及青少年能認識更多自己與網絡世界的關係，並且培養自己與家人和朋輩優質的生活互動，讓生命變得更豐盛。再次感謝上官博士與各位作者給予我這次同行的機會，共勉之。

李展熙

香港基督教服務處網絡沉溺輔導中心主任

許芷茵女士序

二十年前，最常見影響家庭幸福的問題是「二奶」；二十年後的今天，最常引致「家嘈屋閉」的問題是「上網」。

二十年前，只要孩子安坐家中不往街上跑，父母就可以放心，不怕他們誤交損友；二十年後的今天，孩子靜靜地安坐在電腦前，手指在鍵盤上飛快地移動，可以走遍全世界，結識地球上任何角落的人，包括恐怖主義組織、邪教組織及自殺羣組內的激進人士，當然還有各式各樣用虛假身分在虛擬世界進行種種活動的人。

二十年前，孩子的主要資訊來源是父母、學校、老師、同學、報紙、雜誌、電視、電台……二十年後的今天，網絡是他們的好朋友，就算一個幾歲的孩子，只要懂得駕馭電腦，獲取資訊的速度分分鐘較成年人要快。危險的是，在資訊的速度與數量均興盛得往往給人一種「氾濫」之感的同時，其質素卻比從前更難以捉摸——當人人皆有發言權，在網上發表言論並沒有成本，亦不需經過專業培訓及監察，發表人士的個人操守與品德，就成為資料是否可信的重要基因之一；而受眾的判斷力及批判思考能力，亦決定了我們是否能夠成為「精明網絡使用者」。

二十年前與之前許多許多個世紀，世界都遵從一套「父母教、孩子學」的教育模式；二十年後的今天，人類歷史上首次出現孩子比成年人更出色的情況——別騙我了，你試過因為搞不定你的電腦或手機，而向孩子大叫救命，他們卻又能在瞬間為你消災解難嗎？

網上世界精彩如一個宇宙，再加上提供感官刺激的電子遊戲，叫不少青年人甚至成年人廢寢忘食。除了時間管理不善之外，因為沉迷於虛擬世界而與現實世界疏離的情況時有出現，影響個人成長、家庭關係、人際關係以至其他範圍，的確足以叫人憂慮。不少父母告訴我，孩子對於「不准睇電視」或「週末不帶你出街玩」等處分方法無動於衷，但「沒收手機」則會為他們帶來沉重打擊，甚至觸發激烈反擊及反面，大傷和氣。皆因「沒收手機」等於「沒收網絡」，是中斷孩子的社交、消費、資訊網甚至與整個世界接軌的無情打擊。

以上種種，可能是當今世紀每個家庭都正面臨的挑戰，可是細心一想，時代進步，網絡本身是一個偉大的發明，為我們帶來種種方便，是人類文明重要的一步。問題不在網絡，核心在於人類如何駕馭這種全新的技術，正如汽車已成為日常最主要的代步工具；但如果不依規矩，駕駛車子在路上橫衝直撞，一樣害人害己。你會因為害怕出意外而不讓孩子開車或乘車嗎？最重要是教會他們如何做一個精明駕駛人或乘客吧！很高興上官賢恩女士編著了這本《網絡孩子 —— 父母教養新思維》，讓我等「網絡新手」爸媽對 E 世代有更進一步的了解，並體貼地提出了很多實用的方法，讓我們能跨出第一步，與孩子携手在網絡中遨遊。

許芷茵

《黃巴士 Light》總編輯、兒童教育工作者

柯佳列先生序

我是一位不折不扣的「數碼原居民」，求學時期沉迷電腦遊戲，為「爆機」走堂是平常事。畢業後，任職小學電腦科主任，負責編寫電腦教科書；參與籌建大型的教育網站；統籌及建立一個以小學生為對象的網上學習平台。平台頗受歡迎，最高峰時活躍的會員達 20 萬，即每四位小學生就有一位會在一週內最少登入一回，並在網站進行活動。計劃受歡迎本應是令人興奮的事，可是我卻無法開心起來。每當拿着網站用戶使用分析報告時，都會問：連遊戲時間也沒有的孩子，哪來這麼多時間瀏覽這個網站？如果是犧牲了運動、閱讀、休息的時間來進行網上學習，我認為是不值得的。

為了「贖罪」，我開始了親子閱讀的推動工作，主講以健康上網為題的講座，希望更多家長幫助幼兒遠離網絡世界。另一方面，我亦不間斷地參與電子教材的設計開發工作。我很清楚網上學習可給予孩子哪種能力，亦明白互聯網令他們失去很多更寶貴的東西，如：默想能力、耐力、抑制能力等等。

數碼科技改變了孩子的學習，也改變了生活模式。現在的幼稚園生是「no menu 世代」，互聯網及數碼通訊科技的普及，孩子的價值觀與世界觀必異於上一代，可是學校、家長是否能掌握這個改變？學校是否仍在用昨天的教材，教育生活在未來的學生？家長是否仍在用過去的道德標準，教育他們的子女？

欣悉突破出版社出版這書，用意不是盲目地反對互聯網的好處，而是幫助老師、家長辨別互聯網對孩子的影響，然後正面地與孩子迎接互聯網的挑戰。願大家都能有智慧地運用這些工具，並讓這些工具成為各人的祝福，而不會成為一個要世界償還的負擔。

柯佳列
親子讀書會「綠腳丫」發起人

導言：

家長們，你有多認識網絡科技？

上官賢恩

普世歡騰！互聯網誕生了！到底這是個好消息還是壞消息？當然，大部分人都會說這消息好壞參半。

首先，讓我們都捫心自問：互聯網是否就像一個不速之客，闖進了我們的生命？是否像一個從富強之國而來攻擊的入侵者，在我們毫無防備之時突襲？還是它雖像個陌生人，我們還是友善地歡迎它到來，然後建立了深厚的友情而愛不釋手？這位久居的客人，是否花費了你愈來愈多的金錢、擁有愈來愈多的特權、愈來愈控制你的生活？如果我們發現它對我們或家人的生命有壞影響，我們又是否能限制它的影響力，甚至請它搬走？還是我們太渴望它的陪伴，因而哀求它留下來，甚至願意犧牲陪伴家人的時間，以高昂的代價來挽留它？

這位客人在家裏佔着愈來愈重要的位置，它甚至成了某些家庭的一家之主。究竟它怎樣闖進我們的生命？而我們要怎樣面對這位陌生人或客人，成了一個複雜的問題。

我與電腦邂逅於 1981 年，那時我在寫畢業論文，而我丈夫覺新則幫忙我用電腦打字。我們在學校屬下的一間研究中心買了一台電腦，其實他只是想找個藉口試用一下。覺新得到了研究中心總監的批准，可以在晚上使用他們那台「小型電腦」，反正晚上也無人使用。那時，沒有一個同學擁有個人電腦，研究中心的這台小型電腦有如一個文件櫃般大小，實在蔚為奇觀。

比起我的論文內容，覺新應該對電腦這科技本身更有興趣。但要熟悉電腦的每個細節，慢慢發現它的奇妙之處，他需要花多點時間與它共處；而為我的論文打字，似乎也是一個有意義和一石二鳥的方法。雖然我很着緊自己交論文的限期，但當然，我需要同意讓他幫忙。

他連續打了好幾個晚上，但有一天深夜，他回到宿舍時，卻面帶愁容和歉意。他低聲説，電腦檔案不見了！只是按錯了一個鍵，就把幾天以來的努力蒸發掉。那就是説，他要重新再打一次。我當時實在嚇呆了，因為我是那種從不遲交功課的認真學生。我忍不住想：「早知道就用我們的打字機好了，那可靠得多，起碼我看得見手上的紙。」我很擔心這個新科技會像「國王的新衣」那樣完場。幸好最後他再次將我的論文打出來了，我也能準時遞交。

至於我與互聯網的初次接觸，可以追溯到 1995 年，我第一次使用電郵。在這之前，我不太願意學習如何運用這部新機器。科技一直是我丈夫那杯茶，他鼓勵我用電郵取代傳真機。要回覆那些偶爾才收到的電郵，我會將內容用潦草寫在一本黃色簿上，再請求丈夫替我回覆，因為他已有好幾年使用電郵的經驗。一段時間之後，他力勸我要自己學習怎樣用電郵。

從那時開始，電郵徹底改變了我的生活，也成為了我最喜歡的溝通模式。我第一篇在《菲律賓詢問者日報》(*Philippine Daily Inquirer*)的投稿就是用電郵寄出的，那時還未學會附加文件附件。實在無法想像沒有了這台電腦和互聯網服務的美妙配合，我如何能繼續在報紙、雜誌或期刊上投稿。寫作一定沒有現時那麼容易和方便。

不過我必須承認，如果我不是以教學、閱讀、講學和寫作為業，我也許會認為互聯網也只不過是用來作社交平台、看看花邊新聞，或上網購物的地方，就像一般「闊太」會做的一樣。不過，這可能使你們嚇一驚：我沒有 Facebook，也沒有 Twitter，是從來都沒有用過。我是那些沒有屈服於強大和熱門的社交媒體和購物機器的稀有品種。

不過，與朋友和同事相比，我認為自己更廣闊和有深度地運用互聯網。作為教授和作家，我有很廣泛的興趣，也閱讀許多不同的資料；因此，我許多的工作和學習都是透過互聯網來完成的。互聯網是我終生學習途上的啟導老師。

例如，作為一位教授，我會從網上搜集有關教育和心理學的閱讀資料，就像從書本和學術期刊中搜集一樣。我會看 TED 講座（網上包含多種科目的講座）和哈佛大學的公開課。我會留意最新的研究動向，又會下載免費的書本和文章，然後轉發給我的學生。

為了屬靈生命的成長，我會聆聽護教學者撒迦利亞（Ravi Zacharias）的演講課，或約翰派博（John Piper）和約翰遜（Darrell Johnson）解經的講道，或者史溫道爾（Chuck Swindoll）和布里斯柯（Jill Briscoe）更輕鬆的演講。讀經典文學作品也是我的興趣，托爾斯泰、杜斯妥也夫斯基、契訶夫、帕斯卡、祁克果、卻斯特頓，我都愛讀。我也很喜歡看紀錄片，像 BBC 所播放 12 集的聖樂系列。看了這個系列的介紹，我所得到的音樂歷史知識，比一個讀音樂系的大學生一個學期所學的還多。由於我也對世界充滿好奇，每天早上我通常會在網上看四份報紙。我就是這樣運用互聯網。

不過，我始終是一個數碼新移民。在電腦和互聯網踏進我生命之時，我已經建立了相當的閱讀、寫作、拼字、思考、判斷資訊真偽的能力。我移民到數碼科技的國土時，認為它就是另一種用來學習和工作的工具——可能是最重要的工具，但不是惟一的，也不是生命的一個延展部分，更不是生命的意義或不可或缺的一部分。這樣說，是否代表我對數碼科技有所保留？

我們的雜誌 *Jeremiah's Dilemma Quarterly* 第二期（2011 年 5 月號），主題是「科技的福與禍」，由我編輯，這實在是基於我個人和專業上對互聯網的興趣。突破出版社認為這個主題和這本雜誌的其他期數都很有潛質，可以結集成書。我很樂意接受他們的邀請，寫作和編輯這本書。我邀請了原本在雜誌發表文章的作者增訂或修訂自己的文章。然後又邀請了三位作者寫了一些其他主題，而我也加了兩篇文章。書就這樣成了。

本書的九篇文章主要圍繞四個有關數碼科技的主題，也組成了本書的四個部分。

第一部分就是主題的理論框架，當中從社會學和心理學的角度，分析數碼科技如何影響我們的生活。梁永泰博士首先為主題定位，指出使用數碼科技內在的世界觀，不論使用者有否為意，這些都是存在的。我探討撰寫網誌的心理學文獻，並以此為基礎，帶出社交媒體如何影響我們的個性，以及集體個性如何影響我們的個性：這雙向的關係對我們的思考、態度和行為造成什麼影響。

第二部分則論及數碼科技如何影響基本的學習過程，就是識字教育中最重要的閱讀和寫作。教育及語言學者葛嘉蓮教授（Professor Catherine Cordova）談到識字教育本質的轉變，教導家長應怎樣幫助孩子早些學習語言。香港浸會大學語文科講師高晶儀（Crystal Koo）則討論到科技與今天的文學的關係，以及這時代的數碼網絡作者有什麼角色。

第三部分集中探討家長最關心的問題：互聯網帶來的心理影響。我寫了一篇關於網上欺凌的文章，網絡欺凌帶來的影響有顯著的，也有隱藏的，我也提到家長和學校應如何應對。為了更明白沉溺電子遊戲的問題，我也訪問了一位過來人，好明白他的思考過程，以及他如何掉進沉溺的陷阱，又如何重新振作。許多家長都關注到應怎樣訂立使用電子科技的家庭規則，專攻心理學並育有四名孩子的媽媽利安祖（Angelita Resurreccion），分享到她自己家庭的經驗，相信也能成為寶貴的參考。

最後一部分是關於如何在訓練和事工上運用互聯網。婚姻教育工作者查珍妮博士（Dr. Jennifer Chalmers）的個人經驗和網上輔導的專長，就正正展示了數碼科技可以成為多美好的工具；同時，她又指出它的某些缺點。熱愛文學兼從事管理的博客施正和（John Gaisano），分享撰寫網誌如何培育他的生命成長。

總括而言，本書涵蓋了數碼科技的許多範疇，而作者們都努力在每個課題上帶出平衡的觀點。不同的課題都指向同一目的：**讓人明白科技如何影響生活的各個方面。**

這本書是為凡使用過數碼科技的人，和那些關注怎樣活出更好和更平衡生命的人而寫的：不論是家長、老師、牧者、基督徒或非基督徒、年幼或年長、是否接受過高等教育的，本書想讓大家能好好掌握科技，也好好掌管自己的心思和時間。當我們竭力追上日新月異的科技之時，讓我們也用一點時間反省，如何有智慧運用這些工具，並讓這工具成為更多人的祝福，而不是成為一個要世界償還的負擔。

「我也以我的靈充滿了他，使他有智慧，有聰明，有知識，能做各樣的工……」（出 31：3）

上官賢恩

2014 年 5 月
菲律賓馬尼拉

第一部分

新媒體是孩子的父母？——認識網絡對孩子的塑造能力

孩子尚未上學，每天已可以接觸電子產品，家長可知道這些新科技對孩子有何影響？原來在不經不覺間，數碼科技、社交媒體已在塑造孩子的生活、個性、態度和行為。

1 梁永泰：有智能手機，無智能父母？

2 上官賢恩：「你就是年度人物」：從網誌和社交網絡中認識自己

1

有智能手機，無智能父母？

梁永泰

突破機構總幹事、資深青年工作者

宮崎駿的告別電影《風起了》，描寫一名少年如何實現設計飛行器的夢想，至終卻難逃以戰爭和毀滅告終的命運。

每對父母都希望孩子一天成才，但對世界走向自滅的命運，卻未能改變，這是宿命嗎？教養孩童可以逆轉命運嗎？

數碼科技的獨特性

相對於《風起了》中展現的二次世界大戰飛機科技，今天數碼科技的影響更大。智能手機動員「快閃黨」可以推翻政權（埃及）、改朝換代（美國）、改變出版與影視娛樂工業生態、轉變人際網絡接觸、改變生產方式等。

數碼科技改變了一切媒體，它使電影更超真實，使電視無頻道化，使廣播普世化，使書籍隨身化，使音樂自選化，使遊戲掌上化，使報章即時化，使雜誌私人化。

數碼科技使資訊流動化，可以放大縮小，增長刪短。為內容提供多元的故事內容，多人的觀點。提供即時的資訊，要求即時回應。資訊充滿聲音與影像，是真正的多媒體。

數碼媒體有互動性，可以對話。數碼的仿真與虛擬能力特別高，可以製造夢幻。如此，它真的改變我們的生活、溝通、人際、與商業行為。

孩子如何建立價值觀與世界觀

數碼科技顯然改變了我們的生活形態，做事方式，認識世界的途徑，還有與人相處等重要領域；因此，也必然改變我們的價值觀與世界觀，這正是父母應該關心的。

作為父母，怎能不認識數碼科技社會？

有些「進步」的父母，搶先利用數碼科技教育孩子，率先搶購電腦、手機、平版電腦等，以為有資訊就有教育，有科技就有學問，有工具就有知識，真的如此簡單？科技只是知識的盛載器？

我們先思考網絡世界的本質：

1. 世界是地球村抑或巴別塔？

社交網絡是互相溝通抑或自言自語？是拉闊人際網絡抑或加劇族羣主義以致自我封閉？是彼此聆聽抑或爭相發言但缺乏溝通？是多吸收不同意見抑或是醜化別人的意見？是羣體建立抑或是自我中心？

2. 民主化抑或無政府主義？

數碼電子媒體能否讓沒有聲音的人有聲音，沒有面孔的人有面孔？數碼平台是最民主化的空間嗎？抑或是最具破壞性的東西，將一切的社會制約破開了，謊話連篇、誣告別人、製造混亂，推翻一切建制，愈無政府主義愈好？又或是另一種霸權，使有媒介操作能力的人獨大，驅逐其他聲音？

3. 羣體建立抑或催生自戀？

社交網絡加上 YouTube 博客，能夠增加社會上各人的彼此認識？抑或只把每個人的自戀自我表達的慾念推至最高峰，連自己吃的每餐飯、每隻寵物，自己身體的每部分，都公諸於世，這就是羣體的交往方式？網絡的來臨，似乎指向高抬自己，貶低別人的文化？

4. 溝通抑或噪音？

市場學上有一個不好的專稱：「創造噪音」，以為噪音愈多就愈好，讓人知道你的存在，對你有認識、有記憶。所以廣告式宣傳無所不用其極，用色誘、恐嚇、誣告等低俗手法來宣傳。缺乏用媒體來交流、分享、溝通。網絡成了一個資訊垃圾箱。

如何建立孩子的資訊素養

正如耶穌所說：「麥子與稗子一同生長」，針沒有兩頭利，凡事都有善惡兩面，精明的父母可否誘導孩子擇善而棄惡，轉暗為明。

1. 真理抑或相對？

如果父母相信世上有真理、有價值觀、有善惡，在網絡的世界上就會顯得束手無策。因為網絡上資訊無分真假、善惡，充滿偏見，價值多元。只有美與醜，只有高技巧低技巧。充滿抄襲，**怎樣叫孩子有判斷能力、創造能力、深度思考？這是父母重要的課題。**

2. 知識抑或智慧？

英國詩人艾略特（T. S. Eliot）曾說：「在資訊中失去什麼知識？在知識中失去什麼智慧？」怎樣讓孩子從資訊中能識別，藉着識別得着智慧和選擇能力，能付之於行動。**怎樣建立孩子的深度思考，和對真理的深度追隨，是父母的智慧。**

3. 多元文化抑或單一霸權

怎樣培育孩子對不同文化的欣賞與接納，怎樣洞悉霸權文化的單一與虛謊。不畏主流意見的壓迫力，不怕站在弱者一方替他們說話。**怎樣幫助身處邊緣的人、文**

化力量貧窮的人，是父母智慧的所在。

4. 即時與期待

孩童的時間觀念是即時的，需要即時滿足，好像嬰孩吃奶。資訊網絡同樣是即時發放，期望即時回應的。任何深奧的、要深思熟慮的東西，在網絡上都是不受歡迎的。**怎樣培養孩子的等候能力、自制能力、默想能力、忍耐力，是父母對他們的重要訓練。**

總的來説，生於二次大戰的上一代沒有受教育得知識的機會，父母這一代有機會受基本教育和知識，但下一代最大的挑戰是：太多知識，以致他們不知道自己的不知道，還自以為有見識。**畢竟，資訊只是人生的小部分，我們怎樣脱離電子媒介的平面，「立體地」活着？父母要給予孩子資訊以外，一個怎樣的世界？**

35

梁永泰

現任突破機構總幹事。在「突破」服務30多年，從事青少年教育、領袖培育、影音媒體製作等。於海外擔任菲律賓教會與文化顧問、世界性基督教事工發展顧問；在本地出任教育及社福發展諮詢委員等。影音作品有《圖像學生》、《黃土地，你往哪裏？》、《亞太新人類》及《根》。著有《新領袖 DNA》、《哪個孩子不出色》、《生命逆轉 —— 聖經人物的第二曲線人生》、《籪線以外 —— 資訊洪流中創造離線空間》等。

培育子女的資訊素養

- 了解互聯網對孩子的塑造能力，互聯網既會使孩子有所得，也會有所失。
- 社交網絡既能互相溝通，但也可能加劇孩子的自戀個性。
- 電子媒體的多元性有助思考，但也有可能成為一言堂。
- 媒體有助分享與交流，但也會使人接受無限量的資訊垃圾。
- 培育孩子的判斷能力、創造能力、深度思考。
- 訓練孩子的耐力、抑制能力、默想能力。
- 教導孩子辨別資訊媒體的內容真偽，不盲從。
- 除了接觸資訊，父母應向孩子展示更豐富多姿的世界。

「你就是年度人物」：從網誌和社交網絡中認識自己

上官賢恩
教育心理學家

Time Vol.168 封面

12 歲的時候，我有一本米黃色的小日記本 —— 5 吋乘 6 吋、堅固的硬皮，封面有些花紋圍邊，旁邊還可以插放一枝筆。睡覺前，我會閱讀前幾晚所寫的東西，然後用我的藍色 Parker 鋼筆，寫下新的一頁。日記可以上鎖，我會把鑰匙放進銀包。如果有人打開了我的日記，我會感到私隱被干涉。我不是怕別人從日記中找到任何令人尷尬的祕密，只是私隱對我來説相當重要。

今天，有數以百萬的人，把自己的日記呈現在數以百萬的人面前。我們可有想過，這個現象到底反映着人類思考、態度和行動上的什麼轉變？

凱撒家庭基金會（Kaiser Family Foundation，美國健康政策研究組織）於 2010 年的「M2 世代：8 至 18 歲青少年使用媒體的生活」研究結果指出，於 2009 年，受訪者使用電腦時會花上 25% 的時間來進行社交活動 —— 這是在眾多電腦活動中排行第一的。

寫網誌和使用社交平台，反映着人類渴求的一些基本需要 —— 例如表達個人身分、建立羣體、記錄個人過去與現在的經驗等。我們可以用這些現象作為借鏡，研究人們如何被這 21 世紀的新數碼媒體改變，以及人們如何改變文化的標準和價值。

你是年度人物

1993 年，《時代雜誌》（*Time*）已將電腦稱為「年度機器」。2006 年，這本雜誌更以「你」為年度風雲人物（"Person of the Year: You"）。

社交網絡是一個讓人容易自我展示的平台。Facebook 裏「關於我」的部分，包括了讚好、引文、上載的圖片。這些展示了一個人的哪些方面？

Buffardi 與 Campbell 題為〈自戀與社交網絡網頁〉的研究，刊登於《個性與社會心理學雜誌》（*Personality and Social Psychology Bulletin*, 2008），當中解說如何從 Facebook 看出人們自戀的行為。研究員首先從研究對象的 Facebook 上搜集他們自戀的個人報告，然後將其分類為主觀或客觀的言論。最後，會安排一些陌生人觀看這些對象的個人資料，並以印象評分。研究指出，自戀的人在網上社羣顯得特別活躍，而且也有更多自我抬高的內容和活動，例如上載照片來自我宣傳。

使用 Facebook 的讀者可能感到被冒犯，並立刻澄清他們就是例外的一羣，也不是常常上 Facebook，或其他理由……但請讀者繼續讀下去，了解網上社羣如何成了自戀者的溫牀。

首先，**社交網絡平台是建基於一些簡短溝通，又鼓勵與無數人建立虛擬的友誼。研究指出，自戀的人在這種膚淺的關係中，比起在一些要求深入而委身的關係，感到更自在。**當然，你可以辯駁說，在社交網絡中維持深入的友誼也是可能的，但社交網絡的真正吸引之處就是可以維繫一班泛泛之友。

其次，**社交網絡使用者可以掌控自我呈現的方式。在這個高度操控的環境之中，他們選擇自己一些吸引人的照片，以及撰寫一些自我抬高的個人描述。**研究調查顯示，自戀者會從公眾如何看他們而得到自尊感，因此也會特別喜愛誇耀、談論自己，以及喜歡看影片和鏡子裏的自己。網上的個人簡歷也成為他們自我宣傳的機會。

換句話說，自戀者並不特別需要親密、溫暖的人際關係，或其他正面的長期關係；但他們卻善於建立一些新關係，並用這些關係使自己短期內看起來很受歡迎、很成功和地位高。

你就是你所披露的

私隱（「我」）和公開（希望每個人都在閱讀我的東西、會寫關於我的東西、會與我連結）之間的模糊之處，就是寫網誌的心理特點。寫網誌令自己所寫的東西展現在許多不認識的觀眾眼前。寫網誌的人（或稱博客）也許沒有預估到，他正在向一些完全徹底陌生的人披露前所未有地多的個人資訊。

為什麼人們會在網上如此披露自己？研究調查指出，電腦中介傳播（Computer-mediated Communication, CMC）會刺激人自我披露。超個人溝通理論（Hyperpersonal Communication Theory）可以解釋這種現象。CMC鼓勵親切的互動多於面對面（Face-to-Face, FtF）的溝通，因為CMC減少了視覺、聽覺和內容的暗示（例如社會地位的暗示），減少了非言語的暗示，也讓人們不再那麼拘謹。這種去拘謹化的影響，結果令人在網上更容易披露自己。

你就是你所跟隨的

為什麼人們會喜歡閱讀別人的生命或生活？根據 Antonijevic 與 Gurak 的說法：「互聯網的科技讓人空前地容易當上一個偷窺狂或暴露狂 —— 或者兩樣都是。」研究員首先問的是：「為何會有人想建立一個私隱的寫作空間，日復日地寫，然後開放給公眾詳細審視？」這也引致下一個問題：「為何會有觀眾希望日復日地詳細審視一個不認識的人所寫的私人內容？」

你就是近朱者赤

也是因為私隱與公開的界線模糊了，網誌也讓人可以重組一個個人或羣組的身分。撰寫網誌的人，不論有意無意，都會創造或選擇披露個人的某一個身分，讓人認識。這個身分是否能準確地代表當事人？還是像一個漫畫人物一般，教那些即使認識他多年的人都認不出來？

有時寫網誌的人也會創造出一個相當矛盾的羣組身分。有「你」有「我」，以及「因這件事連結起來的人」，即使身邊一位 30 年的老朋友，也會因「沒有」在 Facebook 上，所以顯得不及那些「即時」的網上「朋友」那麼重要。友誼不再講求共同經歷、親密程度和深度。今天大家所理解的社羣，就是各自圍在電腦旁邊、分散在世界各地，而從來都不會親身面見的「朋友」。

你就是你發布到互聯網的東西

作為網上日記，網誌會記錄着你的活動、經歷和 / 或想法。在即時聊天中，你所説的是「現在聽我説吧」；但在網誌裏你寫的是「你一直都聽我説吧」。因此，網誌其實是一個兩面的溝通。一方面，你在「寫下自己」的紀錄和經歷；另一方面，你透過與觀眾的互動而「重寫自己」。

你可能會以為外向或喜愛社交的人會經常使用社交網絡，但研究結果卻使人驚訝。在 Davis（2001）刊登於《電腦與人類行為》（*Computers in Human Behavior*）的研究，「病態使用互聯網的認知行為模型」指出，**患有心理社交問題（孤單和抑鬱）的人，更喜愛使用網上社交來代替面對面的溝通，因為他們認為網上的社交沒有現**

實那般具威脅性，而且自己的溝通也更有效。他們的選擇可能會引致過多或強迫性地以電腦為溝通媒介，而令他們本來的社交問題惡化。

根據 2011 年 4 月的《兒科學》(*Pediatrics*)，**使用像 Facebook 這類社交網絡平台，可能會加劇青少年的抑鬱問題。**當他們看見朋友不停發布着開心、自誇的狀態更新和相片，會令青少年人感到羞慚，因為他們在這場人氣比賽中比下去。

你的生命就是你如何運用時間

總括而言，**使用互聯網或寫網誌，本身並不是毫無代價和害處的休閒活動。**Facebook 用家常常承認，上網時間會超出平常或預定的。更嚴重的是，有些用家會有強迫行為，無法控制自己的網上活動，而因此覺得內疚。「問題性網絡使用」(Problematic Internet Use, PIU)，就是指由於使用互聯網而認知及行為適應不良，帶來學業、事業或社交方面的負面影響。

你就是你怎樣看新數碼媒體

社交網絡和寫網誌，引發我們問一個更重要的問題：應該如何運用新數碼媒體？

高德納博士（Howard Gardner）曾任哈佛教授（當年我也有上他的課），他在「好好玩樂研究計劃」（Good Play Project）中提到，關於使用新數碼媒體的倫理，有五項主要的挑戰。你也可以問問自己：

1. 身分：你怎樣處理和理解網上的自我表達？你怎樣處理和理解你網上的身分探索？

在成人與青少年的焦點對話（「全球兒童和好好玩樂計劃」，Global Kids and Good Play Project）中，有名青少年提到可以藉此「試試」不同的身分。他這樣說：「人們在網上會表現得不同，因為他們想成為不同的人。如果可以將自己變成一個你想成為的人，為何還要做自己？所以人人都會選擇一張最美麗的圖片，作為自己的個人照片。我們不需要在網上做自己，我們有自由呈現自己希望別人相信的一面。」

他們也討論到網上自我探索對自我的潛在負面影響，例如投入在不真實的關係中而變得與「真正」（離線）的自己分裂，導致自我傷害。他們也不太關注別人會否在過程中感到被騙或受傷害。

2. 私隱度：你在網上與誰分享資訊？你怎樣分享私隱？你會分享到什麼程度？你的網誌或 Facebook 是否最適合分享的地方？

在焦點對話中，青少年討論到在網上可以自我表達、大吐苦水、與朋友時刻連繫等好處，缺少關於分享的資料，不容易流到那些不想讓他們知道事情的人，例如成年人。青少年認為自己只與同輩分享，不會向成年人分享。但只有少數人關注到分享別人的資訊，存在風險和潛藏的危機。**青少年認為私隱只是個人的責任，而不是羣體的責任。**

3. 可信性：你怎樣建立對別人的信任？或者怎樣才會信任網上的資訊？你怎樣建立個人的信譽？

網上的社羣門檻通常很低，誰都可以加入並分享他們的知識。**這樣的開放性也容易被濫用。任何人都可以隨意代表自己。**網上用家能否相信，那些與他們在網上互動的人？他們又怎樣讓人知道他的信譽？一名青少年這樣表達：「在網上的確有某程度上的匿名特質，但如果因此就認為所有人都是或可能是壞人，未免太多疑了。」

4. 版權和擁有權：你怎樣理解知識版權？你會否下載和重組內容？

聽聽這位青少年怎樣說：「**我若是想聽什麼歌或看什麼電影，只需動動指頭就能非法下載。**作為青少年，我可沒那麼多錢花在音樂和電影上。」

5. **參與：網上負責任的行為對你而言是什麼？你是哪些網上社羣的成員？**

從好的一方面看，投入參與可以帶來賦權和友誼，但另一方面，**這可能代表着欺騙、騷擾和欺凌。**

寫這篇文章之時，腦海中浮現兩個念頭。〈以弗所書〉5 章 16 節教導我們要「愛惜光陰」（善用時間）。你可以想想，撰寫網誌符合這樣的教導嗎？另一處是〈箴言〉13 章 20 節：「與智慧人同行的，必得智慧；和愚昧人作伴的，必受虧損。」社交網絡是否一處與智慧人同行的平台？

也許當你逐一細心反省以上問題，你會重新考慮為何和如何使用互聯網，包括使用社交網絡、寫網誌，拍影像網誌、玩遊戲、下載和上載。無可否認的是，這些由新數碼媒體所造就的活動充滿了機會，但同時也為使用者帶來許多風險。因此，**這篇文章希望撰寫網誌和瀏覽社交網絡的人能提高警覺，讓讀者也能警醒，並有智慧地引導他們的子女和學生，或像我一樣，由子女提醒父母當中的風險。**

上官賢恩

菲律賓大學教育心理學系的副教授。講員、學術機構顧問，著作刊登於不同的期刊。擁有數個學位，包括音樂、神學和教育心理學，並在波士頓的哈佛大學做博士後研究。本社作品：《聖經的教養智慧》。

對社交平台的警醒

- 不論父母或孩子，使用社交平台、互聯網時，也要了解當中存在的風險。
- 社交平台有可能增強人的自戀傾向，也有可能創造出自相矛盾或扭曲的個人身分。
- 社交平台上的友誼容易流於平面。
- 使用者在網絡上有可能不自覺公開過多私隱，或付上太多時間。
- 使用社交平台時，引導孩子注意自己表露的身分和透露的私隱。
- 與子女一起檢視與網絡上的「朋友」，是一種怎樣的關係？
- 教導子女尊重和認識知識版權。
- 父母和孩子在使用網上平台時，都必須建立自省能力。

第二部分

新媒體成為老師？——善用新科技，幫助孩子學習

數碼科技如何影響基本的學習過程，家長應怎樣幫助孩子？

3 葛嘉蓮：E世代的識字教育：每個家長都要知道的事

4 高晶儀：文字的現代衝擊

E 世代的識字教育：每個家長都要知道的事

葛嘉蓮

教育及語言學者

每一個家長都是一位未來主義者。我們付上大量時間、精神、心力和資源，就是為了達成一個目標：確保我們的孩子能有一個美好的未來。

讓我們想一想：孩子 20、30、40 年後的生活會是怎樣？那時會有怎樣的專業？成功的因素會是什麼？我們的孩子會成功嗎？最後的問題是：我們有否準備孩子迎接將來？

我們也許永不會知道未來是怎樣的，但起碼我們可以從專家對 21 世紀環境的評估，而稍有頭緒。

根據經濟合作暨發展組織（Organization of Economic Co-operation and Development, OECD, 1996）指，學生需要具備良好的技術、策略和性情，才能在這個全球網絡多樣化的資訊、傳訊數碼世代裏成功。

國際閱讀協會（International Reading Association）1999 年的立場聲明強調，「在 21 世紀裏踏入成年的一代，將會是人類歷史上閱讀和書寫得最多的人；他們需要進深的識字教育程度，才能做好他們的工作、維繫他們的家庭、盡上公民責任和享受自己的生命。他們需要識字，才能面對無處不在的資訊氾濫。」

21 世紀通常被譽為數碼世代，這個時代所帶來的資訊傳訊科技，是十年前無法預估或想像的。

在 1990 年代，當互聯網最初開放予公眾使用之時，我們完全沒想過互聯網會把生意、專業、教育和我們每個人的生活都重新定義。

我們的孩子生於千禧年代，他們就是第一羣在科技中成長的人，因此也有「數碼原居民」之稱（Prensky, 2001）。

他們很習慣電腦的世界。他們在數碼世界中航行、四處遊覽、創建網上身分、與地球另一端的人建立友誼，還有，在使用任何新式的電子產品時都毋需閱讀説明書。他們的手提電子產品（平板電腦、智能電話等）就像他們的第三隻手。

他們是第一代對看電視「斷奶」的。他們更熱愛數碼世界裏那種互動的資訊。從前書籍、影片、電影和廣播媒體都是不同的範疇，但現在都以複雜的網頁超連結標示着，一按下去就能連結到所想到之處。

改變了本質的識字教育：由印刷頁面到數碼熒幕

互聯網的普及重新定義了識字教育。根據互聯網世界數據（Internet Worlds Stats, 2012），約有三分一的世界人口，即約 20 億人會在網上閱讀。

我們孩子的主要閱讀文本也來自互聯網。數碼文本的種類包括網頁、即時信息、電郵、短訊、網誌、雲端科技、遊戲等。

不過，網上閱讀或數碼文本對讀者都有些特別要求。

傳統印刷文本讓讀者得到一致、不變和可靠的資訊，例如，閱讀同一本書的人都會看見印刷頁面上的同一堆字和圖像（一致）。但諷刺地，印刷頁面的最大優勢也是它的最大缺點。它的穩定性（時間和空間上）同樣也是數碼原居民摒棄它的原因，因為他們習慣了看數碼熒幕上的畫面（和聲音）。

另一方面，數碼文本是非常有彈性的，即是這種文本可以在不同的平台上，以不同的方法顯示。它也不是線性的，讀者可以按進超連結，自己決定閱讀的次序。

當然，熒幕上的文字為數碼原居民提供了更有趣的選擇，但這樣的流動性（不斷改變的形式和內容），卻有它自身的危險和挑戰。

要成為成功的線上讀者，我們的孩子要學懂怎樣不受其他視覺上的吸引而分散注意力，理解和閱讀來自無數出處的極多資訊；並且要評估這些資訊的可信程度，因為任何人都可以在網上發布任何長度的內容，還可以隨時修改和刪除。

線上讀者經常會遇到一件事的許多正反觀點。在沒有適當指引的情況下，線上讀者可能會感到迷惘，而花上許多時間漫無目的地在互聯網上瀏覽。

新媒體會影響孩子的學習嗎？

澳洲政府在 2004 年[1]的一個縱向調查中，希望找到接觸科技和父母參與，如何影響 0 至 8 歲兒童的詞彙發展和傳統識字教育。

研究隊伍發現有力證據，顯示父母應在孩子 4 歲的時候讓他們閱讀，發展孩子對詞彙的接收，這樣對將來的閱讀理解和成績都大有幫助。

根據閱讀專家所言，如果每天與孩子閱讀4.6分鐘，每年他們就能接觸 282,000 個詞語；但如果每天與孩子閱讀 20 分鐘，每年就能接觸 1,800,000 個詞語。[2]

他們發現傳統和數碼識字教育是相輔相成的，但父母必須參與其中，特別是在孩子幼年的時候。

還有，他們證實電腦遊戲對孩子的識字技能並無幫助。父母應該為年長一點的孩子投資在教育軟件或電子書閱讀器上，而不是電子遊戲。（是時候向 Xbox 和 PS3 說再見了！）

研究員總結，接觸媒體本身並不會損害孩子的語言發展，但欠缺父母的適齡指引互動[3]，則後果嚴重。

明顯地，我們明白不能「獨留孩子與電子產品一起」（字面和寓意的意思都成立），因為這樣反而不能讓他們盡得數碼原居民這身分的好處。雖然他們在運用科技產品或使用社交網絡上，都比我們更多更優勝；但是他們也肯定可以從我們這些數碼新移民中，得到適時和適齡的引導。

因為我們在科技上所欠缺的，可以透過大量閱讀、評估資訊技能、專注力和耐性上都能彌補（我們所親愛的數碼原居民似乎都沒有這些特質……也不太需要）。

美國兒科學會（American Academy of Pediatrics, AAP）[4] 2013 年在兒童、青少年和媒體使用的立場聲明上，反對 0 至 2 歲的兒童有任何面對熒光幕的時間（Screen Time），或接觸媒體的機會。**因為這個階段的兒童，需要透過對身邊環境的探索和直接互動，才能達致最佳的學習效果。**

常識媒體（Common Sense Media, 2011）是一個為家庭提供必需資源的機構，管理使用科技和媒體對兒童發展的影響，該機構將熒幕時間定義為，花在熒光幕前的總時間，包括電視、電腦、平板電腦、手提遊戲機、智能電話、數碼相機、攝錄機，或任何有熒光幕的產品。

對 2 至 5 歲的兒童而言，[5] 家長應該將熒光幕時間控制在每天兩小時以下。父母應該為子女選擇教育內容的節目，而不要只選擇具娛樂性的。我們可以查閱網上資源，有些網站會為家長提供有用的資訊，例如幫助兒童的軟件和應用程式的評論介紹。

以下網址很有用，有助家長在養育 E 世代孩子，面對各樣事情和挑戰時，具備足夠的認知，並作出適當的決定：

- Common Sense Media 網頁
- www.edutopia.org
- www.pbs.org
- SmartAppsforKids.com

什麼時候給孩子買第一部平板電腦？

國際教育科技學會（The International Society for Technology in Education, ISTE）[6] 於 2007 年時建議，孩子應該在 5 歲時學習運用科技產品的方法和概念。這就是說，我們可以等到他們 5 歲生日才投資在他們的第一件電子產品上（例如電腦或平板電腦）。

希利博士（Jane Healy）是教育心理學家，寫了幾本關於科技如何影響兒童思考的著作。她也同意上段的建議。根據她幾十年在兒童和電腦方面的研究，她認為學習電腦與學習語言不同，學習電腦並沒有哪個特別關鍵的時期。[7]

現時大部分語言發展的研究員都認為，兒童的語言發展能力在 12 歲後會放緩。因此，我們需要特別為 6 至 12 歲的孩子建設一個有助面對面互動的家庭環境。

當兒童與成年人互動時，他們就會發展自己內在的語言能力，這種能力對於規律行為、專注力、後設認知和理解力等的腦部發展非常重要。

根據希利博士所言，如果父母願意在家裏花時間與孩子溝通和互動，那麼孩子在 4 至 6 歲的階段，內在語言就會發展完善。她又補充說，6 至 9 歲兒童對數學和其他科目的掌握，都建基於孩子內在語言的能力。

但如果家裏的熒幕時間相等於或取代了家庭的溝通，那麼則可能會延遲了孩子內在語言的發展。

送給數碼新一代的理想環境

要營造一個對話的家庭環境，我們可以參考美國兒科學會的建議。

首先，我們不應該將電視和其他可以上網的產品放在孩子的房間。相反，這些東西應該放在家庭成員的共用空間，這樣能減少或阻止未經許可的熒幕時間，即沒有家長或監護人指導下使用的時間。同時，這也有助增進家庭成員之間的溝通和互動。

其次，我們要監管和管理孩子所使用或接觸的所有數碼媒體和科技，不論是電視節目、網頁、社交平台，或下載到手提電子產品中的應用程式。

美國兒科學會提倡家長與兒童和青少年一起觀看電視節目、電影和影片。**我們需要特別留意一些熱門青少年偶像或明星的媒體內容（特別是我們孩子喜愛的那些）**，因為他們有可能會傳遞一些錯誤的價值觀（消費主義、濫用酒精或藥物、形象太性感等）。我們可以與孩子討論，作為建立家庭共同價值觀的機會。

踏進青少年期，11 至 12 歲時，我們的孩子會懂得電子世界裏的邏輯，也會有系統地運用符號（文字、影像、形象等），他們也會開始建立抽象思維和關係的能力。[8]

這也是一個教導孩子看事情不要單看表面的黃金機會。許多網頁都會有一些吸引的視覺圖像和顏色，這是為了吸引他們的注意力，就像那些大型廣告一樣。我們要明白地告訴他們，好的設計不一定代表內容是正確或可靠的。

我們可以進一步教他們按網頁「關於我們」的介紹內容，看看網站的背景資料，以及知道是誰創建網頁的[9]，到底是一個人還是一間機構。合法來源的資料通常都會提供創立網頁者的完整資訊，包括他們的身分和聯絡資料。

我們也要教導孩子，若見到任何令人反感或可疑的網頁、圖像或人，就要關掉視窗和「遠離」他。

當他們遇到一些不太肯定是否適當的內容，父母要鼓勵他們說出感受。可以這樣問：為什麼你會感到有疑惑？哪些內容（圖像、信息）令你感到擔憂？你認為誰發布了這種內容？你認為這些人這樣做有什麼意圖？你認為這會對你這年紀的孩子有何影響？你會叫這些人怎樣做？

這樣就能鼓勵孩子表達他們的想法和感受，並刺激他們的批判思考。

以上提出的，只是一些建議，還有很多種方法可以為我們的 E 世代孩子提供引導性的互動，預備他們成為 21 世紀的成功數碼公民。

無論我們做什麼，要記得：沒有東西，能取代我們

親自參與在孩子的成長中，所以，各位父母，請把握現在。

我們為他們所做的（或未能為他們做到的），奠定了他們在這個全球化數碼世界裏的未來。

葛嘉蓮

Catherine R. Cordova，幼兒教育及創意寫作碩士畢業，現任菲律賓大學教育學院教育高級講師；並於聖道頓馬士大學教授英語。研究範圍包括第二語言閱讀效能、多語制、以英語為第二語言、語言及讀能力發展等。

註釋

1 Bittman, M., Rutherford, L., Brown, J., & Unsworth, L.(2011). Digital natives? New and old media and children's outcomes. *Australian Journal of Education*, 55(2), pp. 161-175.

2 Dahlgren, M. E.(2008). Oral Language and Vocabulary Development Kindergarten & First Grade. Retrieved 10 Nov 2013, from http://www2.ed.gov/programs/readingfirst/2008conferences/language.pdf

3 Bittman, M., et al. (2011).

4 American Academy of Pediatrics.(2013). Council on Communications and Media. Policy statement: Children, adolescents, and the media. *Pediatrics*, 132(5), pp. 958-961. Retrieved 27 Jan 2014, from http://pediatrics.aappublications.org

5 NAEYC & Fred Rogers Center.(2012). "Technology and Interactive Media as Tools in Early Childhood Programs Serving Children from Birth through Age 8." Joint Position Statement. Washington, DC: Author. http://www.naeyc.org/content/technology-and-young-children

6 NAEYC & Fred Rogers Center.(2012). Joint Position Statement. http://www.naeyc.org/content/technology-and-young-children

7 Healy, J.(1998). *Failure to Connect: How computers affect our children's minds and what we can do about it*. New York, NY: Simon & Schuster.

8 Wood, K. C., Smith, H., & Grossniklaus, D.(2001). Piaget's Stages of Cognitive Development. In M. Orey (Ed.), *Emerging Perspectives on Learning, Teaching, and Technology*. Retrieved 27 Jan 2014, from http://projects.coe.uga.edu/epltt/

9 PBS Parents(n. d.). Computers: Pre-Teens. Retrieved from http://www.pbs.org/parents/childrenandmedia/computers-preteens.html

孩子學習的裝備

- 最早 4 歲就可以讓孩子閱讀。
- 到孩子 5 歲才讓他們擁有第一件電子產品。
- 若孩子較年長，可以為他們購買教育軟件或電子閱讀材料。
- 為孩子設定「熒光幕時間」，2-5 歲孩子的時間宜限制在兩小時或以下。
- 每天陪伴孩子閱讀，最少 5 分鐘，能閱讀 20 分鐘更佳。
- 不要把電視和電子產品放在孩子的房間，宜放在家人共享的空間。
- 監管和管理孩子所使用或接觸的所有數碼媒體和科技。
- 陪伴孩子使用電子產品或網絡社交平台。

- 陪伴孩子上網時，可以先瀏覽網頁的「關於我們」的介紹內容，了解網站背景。
- 教導孩子：若見到任何令人反感或可疑的網頁、圖像或人，就要關掉視窗和「遠離」他。
- 當孩子遇到不適當的網頁內容，鼓勵他們勇敢表達和批判。
- 別忘記要帶孩子接觸周遭環境，還要有面對面的人際接觸。

文字的現代衝擊

高晶儀

語文科講師

美國現代著名小說家強納森法蘭岑（Jonathan Franzen）有一個備受爭議的寫作習慣，就是在執筆構思時把互聯網完全關掉以保持專注。他形容 Facebook 為「啞巴」、Twitter 則是「不勝其煩」、「強人所難」，甚至是「徹底不負責任的媒體」。

這些一點也不稀奇，法蘭岑是 2002 年（早於 Facebook 及 Twitter 面世前）出版的 *How to be Alone*（如何獨處）的散文集作者。他不喜歡 Twitter 的原因之一，是「它不能讓用家在 140 字內清楚陳述論據」，這說法難免令人半信半疑。任何一位曾於 Twitter 逗留多於五秒的讀者都會理解，Twitter 根本並非鋪陳論據或爭辯的平台。正如我們不會期望於 Lollapalooza 芝加哥音樂節聽到古典音樂一樣，我們亦不會於 Twitter 發表偉論。法蘭岑如此說：「我的對象是嚴謹的讀者與作家」，「我們都不屑自我吹噓。」我就頗不以為然了。在我工作的大學裏，不乏嚴謹的學者，當中大有人能滔滔不絕地發表對齊澤克（Žižek）或安東尼奧葛蘭西（Antonio Gramsci）的心得。然而，天啊，他們都是極度自我中心的！

由此可見法蘭岑抗拒 Twitter 的理由不大合理。儘管如此，他仍然有權不喜歡互聯網，因為資訊科技所帶給人類的影響，無論在速度還是範圍上都是驚人的。摩爾定律（Moore's Law）提到，電腦晶片的性能每兩年便會提升一倍，即是説**資訊科技的發展並非以寸進，而是像脱兔一般飛躍向前，一日千里**。並非每一個人都明白資訊科技背後的技術細節，但每個人都可以感受到，我們需時刻繞着數碼網絡的發展去重新籌劃、重新整理自己的生活，這狀況委實令人懊惱。

真的，改革鮮有不帶給人恐懼的。賈瑞恩拉尼爾（Jaron Lanier）在 *Who Owns the Future ?*（誰主未來）一書中提到：「無可選擇地，每個時代的人都為該時代製造很多大難題。我們身處的環境就好比一副不斷進化的科技砌圖，一個難題剛被解決了，又衍生另一個新的。這是永恆不變的道理，並非始於今日。」在公元前 3350 年，美索不達米亞王朝或許就有人曾因為古文字的發明可能令人類文明被遺忘而大動肝火。

新事物必然帶來的衝擊

現在是 21 世紀，一個互聯網作王的年代，出版業正處於一個痛苦且尷尬的時期，業界面對網上亞馬遜（Amazon.com）及出版社新貴 Lulu.com 奮勇崛起帶來之衝擊，顯得有點手足無措。不同的傳統文學風格正在彼此衝擊、融合而爆發出新的元素，例如「歇斯底里現實主義」（Hysterical-Realism）、「新怪異」（New Weird）及道格拉斯庫普蘭（Douglas Coupland）稱的「切換文學」（Translit）等。**縱使目下還未見，但在未來的十年裏，小説裏勢必出現人物跳「Twerking」時自拍，而 Facebook 的 Timeline 時間軸亦可能成為互文性（Intertextuality）課程的研究專題。**

其實，問題不大的，我們必定能「撐」過去，因為類似的演變並非空前的。很多現在看來「高級」的文化，無論何事何物，其開初皆不起眼；只不過我們事後回望，覺得其文化價值提高了而已。從前，莎士比亞只不過是一個企業家，為高價買家寫詩作劇；當他想不出恰當的字去表達時，便會自創新字，如「無情的」（Remorseless），「視乎情況的」（Circumstantial）及「不滿足的」（Discontent）等等。因為這鄉下人的詞彙並不怎麼豐富！大文豪狄更斯仍為自由作家時，喜歡用冗長的字句描寫居室，因為當期時雜誌社按作品的字數給他報酬；雷布萊伯利（Ray Bradbury）昔時亦只是一個不大幹練的書匠。還有，「黑色電影」曾被譏為垃圾影院；

爵士音樂亦曾被評為黑奴怨歌；一道傳統的，「必須」伴以普羅旺斯美酒的法國馬賽魚湯（Bouillabaisse），從前亦只不過是漁民利用賣不出的漁穫炮製而成的家常菜！

時代演變對文學的增益

事實上我想更進一步指出，21 世紀的轉變、舊秩序的顛覆，其實對文學發展有好處。1919 年，英國詩人艾略特在《傳統與個人才能》（*Tradition and the Individual Talent*）一書中這樣說：「如果『傳統』的傳承意味着我們要盲目、懦弱地追隨前輩的成功模式，『傳統』便應該被積極地否定。我們都見過不少曾盛極一時的風氣，於時代的洪流裏轉瞬即逝，獨立創作始終勝過因循重複。」他繼續說：「真正尊重文學歷史的，不會要求新進作家追尋傳統的認同，反而應該鼓勵他們增進對傳統的認識，推陳出新。傳統並非源於遠古的龐然大物，神聖不可侵犯，它會改變，亦必須隨年月改變。」

「詩人必須對主流特別敏感，此主流未必是最為人稱道的。」艾略特評道，「過去與現在的區別在於，現今的自覺是一種對過去的認知在途徑和程度上都是過去的自覺所無法表達的。」

作家不應老僧入定似的令自己與潮流及現代生活脫節，如果一個作家長期沉緬於過去的光輝，他將錯過認識古今不同的寶貴經驗。**現在極為意識到與過往的差異，而這些差異無論好壞都對將來的發展很重要。我們期望見到文學作品出自實實在在，活於當下，對古今差異有深入了解的作家。**艾略特對一眾作家們有這樣的提點：「要十分清楚一個顯而易見的道理 —— 藝術的本質不會改變，然而藝術的素材卻永遠不盡相同。」

現在的經濟與社會環境正帶領我們進入一個嶄新、熱鬧的數碼新境界，從事寫作的人需要在作品中融入該等新元素，不能完全漠視此潮流。故此，別害怕在詩中插入「微博」，也可以把小說編排成類似互聯網「上下快看」（Quick-scroll）的體裁，甚至在文中援引一段「米姆」（Meme）也不妨。俄國語文學家尼古拉耶維奇（Valentin Voloshinov）曾經說：「缺少琢磨與更新的語言不免喪失它的力量，退化為含糊不清的隱喻、哲學性敘述而非生活化的溝通橋樑。」**我認為文學與其整個歷史也當如此，文學若非與有效溝通和促進社會理解有關，我實在想不到有其他意義。**

高晶儀（Crystal Gail Shangkuan Koo）

香港浸會大學講師，任教的科目包括文學、創意寫作、散文寫作與通俗文化。小説作家，在菲律賓馬尼拉、美國紐約、新澤西、波特蘭及加拿大卡加利發表過 32 種單篇作品。於香港《南華早報》與香港電台合辦的 2013 年香港故事創作比賽（Hong Kong Top Story 2013）中獲得成人組冠軍；亦為 2007 年馬尼拉帕蘭卡短篇小説比賽（The Palanca Awards, Short Story）得獎者，其舞台劇《棄兒》曾於 2009 年在香港上演。

主編解讀：網絡與文學是天敵？

1970 年，艾文托佛勒（Alvin Toffler）寫了《未來的衝擊》(*Future Shock*)，旋即成為國際的暢銷書籍。托佛勒認為「未來的衝擊」就是當個人和社會在短時間內經歷太多轉變時的一種心理狀況。轉眼已經 40 年。我們只需看看過去的 10 年，甚至只是兩年，就會發現數碼科技如何改變我們的世界，如何影響我們怎樣看待閱讀和寫作。數碼科技會否影響我們的腦部發展？我們還會認得自己的思想嗎？

作者高晶儀是小說作家，也在大學任教文學和寫作。對於閱讀、寫作和出版的失落，她顯得不太擔心。每次歷史上出現改變時，大家都會焦慮地作出預計，然而人類總能適應新的點子、新的方法、新的工具。人類能夠適應，所以可以生存。為了進步，改變是必須的。而每一次失去，總會得到另一些的補償。如果有一定的人傾向一種形式的閱讀和寫作，總會有另一班人傾向其他方法。既然我們對認識、學習或分享事物，和一種表達的需要感到好奇，方法是多不勝數。愈多選擇愈開心，創意是永不枯竭的。

從網絡吸收養分

- 教學界對學生的寫作能力非常擔心，網絡的興盛會影響學生的寫作能力嗎？父母可從這篇文章得到新想法。
- 互聯網和科技發展，是社會的必然趨勢，家長毋須迴避。
- 子女透過網絡認識世界變遷，更能豐富他們的想像和知識，成為寫作的養分。
- 老師和家長不要擔心子女寫作時使用網絡用語，這可以是時代的反映。

第三部分

如何應對網絡帶來的問題？——為網絡孩子「趨吉避凶」

網上欺凌、沉溺電子遊戲都是容易出現在孩子身上的問題，家長如何應對？家長如何為孩子訂立使用電子科技的家庭守則？

5 上官賢恩：保護孩子免受網上欺凌

6 上官賢恩：如何避免沉迷電子遊戲：成年玩家的經驗

7 利安祖：智慧運用互聯網，全家一起成長

保護孩子免受網上欺凌

上官賢恩

教育心理學家

由網絡到現實 網上欺凌影響深遠

家長學校 齊防網絡欺凌

頭條日報 港聞 www.stheadline.com 13/12/2013 FRI

留意子女上網習慣 嚴防受網絡欺凌

網絡欺凌 女生不堪壓力尋死

網上欺凌輔導貼士

「在今天的數碼世代中養育孩子成長，真不容易啊！」這種話已算是低估了實況。一般家長成長的年代，對互聯網的認識和接觸都較少，所以不會知道、也容易忽略一些看不見的網上危機：這些危機每日倍增，在孩子有意無意之間，以更兇殘但更隱祕的方法潛入他們的思想。

今天大部分千禧年後出生的孩子都是「數碼原居民」，他們的父母卻是「數碼新移民」，仍努力掙扎着跟上科技那急促的步伐。由於家長對孩子現正成長的環境和世界不熟悉，也不能再掌控；那麼，今天的家長愈來愈難影響孩子的世界觀、道德價值和生命選擇。他們會發現自己有一種無力感，無力阻擋這些不請自來的陌生人入侵孩子的思想和生命。

如果我們回顧一下近 20 年來的科技發展，再觀察人們今天如何閱讀、思考、感受世界、讀書、工作、有怎樣的行為舉止、如何運用金錢和時間，感覺就像某天早上在一個新的星球上醒過來，以往熟悉的環境和人全部都顛倒了。我們與人的關係（由鄰舍組成的社區）和我們的生活習慣（什麼時候睡覺、怎樣吃喝和做抉擇）都被連根拔起，就像遇上龍捲風那樣又快又突然。換來的，是一些與我們根深蒂固的信念相反、與我們希望灌輸給孩子的價值觀背道而馳的東西。

因此，作為家長，這是關鍵性的，我們必須迫切地問自己：我們明白自己的孩子嗎？我們明白他們的世界嗎？我們能否以他們的角度來思考和感受世界？我們應該怎樣引導他們面對複雜的虛擬世界？

數碼原居民與數碼新移民

「數碼原居民」（Digital Natives）是馬克普倫斯基（Marc Prensky）所提出的。[1] 就像語言一樣，本地的原居民不會有新移民的口音。數碼原居民與數碼新移民之間有巨大的差別，他們思考和行動的方式都不一樣。**數碼原居民接收資訊的速度非常快。他們欠缺耐性，如果他們要知道一些事情，就要立即知道。他們比較喜歡同時進行不同的工作，可以同一時間處理很多問題。他們喜歡圖像多於文字。他們會有隨機的想法。他們總是在建立關係。他們是「時常在線」的一代，要及時行樂，即時滿足。他們一直在找尋好玩的遊戲。**

數碼原居民不能與互聯網分離，使用科技產品是他們與生俱來的能力。他們喜愛這些，勝過父母或朋友的陪伴。他們總是與互聯網連繫着，在網上學習到的事情比從老師或學校學習到的更多。

但是，科技對孩子生命的影響，哪些方面會令家長擔憂呢？

網上欺凌

對於在學兒童和青少年而言，網上欺凌的問題非常普遍，只是許多家長很少思考、關心或承認這個問題。在研究文獻中，**網上欺凌被定義為：一種隱藏的欺凌，透過電子媒體如電郵、手提電話、短訊、影片、即時聊天室、相片和個人網站，以不斷的敵意行為企圖傷害某個人或某些人。**[2] 網上欺凌也包括：網上跟蹤、騷擾、詆毀和排擠、對別人不友善的批評、威嚇、發布使人尷尬的內容和轉發惡意的連鎖信息。[3]

香港和鄰近國家網上欺凌的情況

根據香港青年協會於 2010 年的「中學生網上欺凌研究」調查，有 18 間中學合共 3,000 名學生填寫問卷，當中 30% 的學生受到網上欺凌，而 20% 的學生則承認自己在網上欺凌別人。[4]

這些數據跟台灣一個在初中生做的統計結果相仿。545 名學生中，35% 表示曾遭網上欺凌，而 20% 的學生承認曾網上欺凌別人。而且，63% 學生指出他們曾見證過網上欺凌。[5]

還有，微軟在 2012 年一項研究指出，新加坡網上欺凌的情況是 25 個國家中最嚴重的，僅次於中國。新加坡 8 至 17 歲的組別中，58% 指自己曾遭網上欺凌，全球平均則是 37%。另一方面，46% 的新加坡學生指自己曾欺凌別人，而全球平均則只有 24%。這些結果令人感到意外，因為我們總以為新加坡在規則和章則等方面比較嚴謹。[6]

說回香港在 2010 年的研究，中學生中最普遍的五種網上欺凌方式包括：

1. 在網上傳播某人的謠言；

2. 有意杯葛或排斥他人；

3. 重複地在網上侮辱別人；

4. 上載使人尷尬或不雅照片；

5. 在未經當事人同意下，在網上發布其個人資料。[7]

與學生和專家進一步的會談中，研究指出網上的社交平台就是網上欺凌的基本「地點」。欺凌者與被欺凌者通常都是同學。欺凌者在家中使用電腦欺凌同學，但他們表示這樣做純粹為了「好玩」而已。

網上欺凌與傳統欺凌

網上欺凌與傳統欺凌都有相同的特質。兩者都是攻擊性的行為。兩者出現在權力不均等之時，而且欺凌行為都會重複出現。**在網上欺凌的情況中，較懂得運用科技的一方與被欺凌的一方在權力上不均等。**

網上欺凌與傳統欺凌也有不同之處。網上欺凌者常常認為自己的身分是隱藏的。當人們毋須公開個人身分時，通常都會做一些面對面時不敢做的事。這種「去個人化」的情況下，同情心或後悔的心情都會大減。換句話說，**使用科技來欺凌的人很容易會做出殘酷的事情，因為網上欺凌是「遙距」的欺凌，欺凌者不會看到被欺凌者的即時反應。**

網上欺凌與傳統欺凌所發生的時間都不一樣。**網上欺凌可以發生在一天的任何時間**，而不只是在上學時。網上欺凌有很多潛在的觀眾，可以像病毒那樣蔓延、一發不可收拾；因此，會對被欺凌的人造成更大的傷害。

青少年不懂得用平時處理面對面關係的情緒，來處理網上受傷的情緒。網上欺凌的經驗與以往在學校飯堂或操場所發生的欺凌事件不同。被欺凌的人看不見欺凌者，也看不見和感受不到來支援他的人的反應，沒有任何人與被欺凌者共鳴，使他感到更無助。而且，這樣的情況下，也很難有權威人士介入調停，加上網上欺凌的速度很快、又沒有個人接觸，很容易令一些不會當面欺凌別人的人也加入這個嘲諷的行列。**網上的負面評語會一直存在，持續性比當面的欺凌更久，而網上欺凌的受**

害者無處排解情緒。

在 Walrave & Heirman（2001）的研究指出，長久地作出網上欺凌的人，通常都會限制自己的行為對他人的影響，這是因欺凌者意圖將自己的壞行為包裝成良性的表現。[8]

網上欺凌的結果

經歷過網上欺凌，會帶來許多負面的影響，包括：焦慮、抑鬱、濫用藥物、難以入眠、身體病徵增加、學習表現下降、曠課、逃學、輟學、謀殺和自殺。[9] 此外，網上欺凌更會帶來嚴重的後果，因為網上的通訊本質上就是可複製的、不容易有情緒反應、不能控制接收過程、相對地持久，以及隨時都可以接觸，這些特質使網上欺凌很容易變成持續的習慣。

由菲律賓的一個維護組織「菲律賓停止欺凌」（Stop Bullying Philippines）[10]，發起一個非正式調查顯示，當地最普遍的網上欺凌平台就是 Facebook，第二名是手提電話，但已被 Facebook 遠遠拋離。欺凌者會攻擊受害者的名聲、外貌和他的意見，所以，**雖然社交媒介有助青少年建立同輩關係，但也可能成為接受負面信息或使他們受傷害的平台。**

網上欺凌的個人因素

最近關於網上欺凌的薈萃分析（Meta-Analysis）研究顯示，網上欺凌持續的最主要原因，就是攻擊性行為和道德解離（Moral Disengagement）。[11] 傳統的欺凌是直接的攻擊性行為，而網上欺凌是間接的。人們參與網上欺凌有許多不同的原因，包括：報復、憤怒、賣弄自己的技術，或是單純地覺得好玩，用來自娛。**認知同理心不足（即理解別人情緒的能力低）是網上欺凌中的要素；而自戀也有關係，即為達到個人目的而剝削或利用別人。至於受害者，其中有不少本身的社交能力低，或有過度活躍**，這些人似乎更容易成為被欺凌的對象。

網上欺凌會帶來什麼影響？根據 Kowalski（2014）的薈萃分析，欺凌者和被欺凌者的抑鬱和焦慮分數偏高，而自尊心分數偏低。[12] 這可能是網上欺凌的原因，也可以是網上欺凌的結果。

另一項值得留意的是，**網上欺凌與高社會經濟地位背景也有關聯**。[13] 愈多機會接觸科技，就有愈多機會接觸網上欺凌。高風險的上網行為之間也有關聯，例如提供個人資料也有機會遇上網上欺凌，不論是欺凌者還是被欺凌者都有這種現象。

處境因素

曾遭傳統欺凌的孩子也很有可能遭網上欺凌。分別在於，遭網上欺凌的人通常不知道欺凌者的身分，這種隱藏的身分讓不法分子欺人更甚。

旁觀者和見證人都有很重要的角色，他們通常都不想牽連其中。但他們不做任何事的時候，其實已經在助長欺凌的風氣。在一個台灣研究中（Huang, 2010），大部分台灣學生對網上欺凌的態度都是漠不關心。雖然大部分青少年面對網上欺凌時會向同輩傾訴，但可惜的是，這些同輩通常都不會採取任何行動，因為他們都想避免衝突。[14]

身邊人因素

如果同輩可以更有同情心，正視所見到的現象，為受害人發聲，或者告訴其他成年人。這可能有助改善情況。正視網上欺凌的人要注意，千萬不要轉寄傷害性的信息或圖片，間接參與網上欺凌。同輩之間可以互相支持，合力營造一種氛圍：不論在網上還是普通生活，旁觀者都拒絕與這些負面行為者同流合污。

學校對於監管網上欺凌都有很大責任。Williams & Guerra（2007）的研究指出，那些認為自己能投入學校生活，又認為學校氣氛是可信賴、公平和美好的學生，較少遇到言語和身體上的欺凌。相反，**冷淡的校園氣氛會帶來苦惱和不安感，這樣的氣氛更易潛藏網上欺凌的行為。**

父母與孩子的關係也是一大重要因素。會欺凌別人的學生通常與父母關係較差，而且父母也不太理會他們。[15] 事實上，**父母對孩子的管教和懲罰，最有效阻止網上欺凌風氣蔓延。**[16]

因此，得到同輩的支持、積極的校園氣氛和父母的監管都有助保護孩子遠離網上欺凌。

父母可以怎樣做？

最有效確保網上安全的方法，就是讓父母和孩子都同樣能接受裝備，了解科技在這日新月異的數碼世界中那多變的面貌。**許多家長都沒有足夠的科技知識，所以未能跟上或了解青少年的網上活動。結果，他們便會忽略了受害者的經歷，又或者縱容了欺凌者的行為。**即使他們留意到有欺凌行為，許多家長都發現自己並不知道該如何回應。關鍵在於要先了解媒體。

家長先要明白到底網上欺凌是如何構成的，以及欺凌者如何作出網上欺凌，了解這些基本概念是很重要的。Willard（2007）在研究中為網上欺凌行為分類，包括引起網上爭吵、騷擾（即重複向目標對象發出冒犯的信息）、公開和欺騙（即取得某人的個人資料後，在沒有經過他的同意下，以電子方式分享這些個人資料）、排斥（即將某人置於好友名單外）、模仿（即扮演受害者，以電子方式向他人傳達負面或不適當的資料）、網上跟蹤（即透過電子通訊發出重複威脅的信息，追蹤另一個人）

和發出色情信息（即在未經當時人同意下，把別人的裸照發送出去）。[17]

網上欺凌的警告訊號

網上欺凌所發生的媒介平台相當多元，平均分布在即時聊天工具、電郵、短訊、網頁、聊天室、社交網絡平台、數碼影像和網上遊戲。

我們都要留意一些警告訊號：如果你的孩子忽然停止使用電腦或手提電話、在收到短訊或電郵時顯得異象緊張或驚嚇、不太願意上學或外出，則有可能是遭受到網上欺凌。

如果你的孩子使用電腦或手提電話後顯得憤怒、抑鬱或苦惱、不願意討論他們在電腦和手提電話上做些什麼、或異常地從平常的朋友圈和家庭圈中抽離，作為家長也要特別留意。

同樣地，孩子或青少年如果有以下行為，也可能是牽涉網上欺凌：你經過的時候，他們迅速關掉熒幕或程式、被限制使用電腦或手提電話時異常生氣、迴避討論他們在電腦或手提電話上做什麼、或使用多個網上帳戶(使用不屬於他們自己的帳戶)。總之，**如果少年人使用這些通訊設備的行為與以往不同，家長則需留意找出原因所在。**

當你的孩子遭網上欺凌

當你的孩子受到網上欺凌，家長最重要做的事就是確保孩子在與你一起時感到安全。很多時候，孩子不會告訴父母自己遭欺凌，因為擔心父母會過度反應，或者禁止他們上網。如果你的兒子或女兒這樣告訴你，記得保持鎮定。要努力營造和維持開放的對話，他們才會在經歷任何不愉快或痛苦的事情時願意跟你説。

如果只屬一次性的網上欺凌，你和孩子可以選擇忽略那位欺凌者，以及封鎖這個人或羣組，將來不再對話。但如果欺凌者來自你孩子的學校，那麼就應該向校方表達你的關注。校方也有責任讓學生清楚知道，網上欺凌是不可接受的，同時也要按着欺凌者所造成的傷害，作出適當的紀律對策。家長可要求學校保證，他們會向所有學生和家長明確地傳遞絕不縱容網上欺凌的信息。如果網上欺凌涉及對身體生命的威脅，家長則可能需要報警。

如果你的孩子是欺凌者

首先，如果父母否認事實，或者將責任歸咎於受害者、學校老師、或自己孩子以外的任何人，絕對無補於事。**父母必須首先接受他們的孩子犯了錯，也因此需要為自己的行為負責。**第一步應該要限制他們使用電腦或其他電子產品一段時間。如果孩子必須使用電腦來完成功課，家長可以安裝一些過濾軟件。然後，家長和孩子必須約法三章，透過「使用互聯網守則」來釐定哪些是使用科技時的正確行為。孩子需要重新學習如何適當地使用通訊科技。守則中可以清楚列明家長對孩子的期望，也要清楚訂明規則和後果。

如果孩子想繼續使用社交網絡平台，他必須先守好網上行為，以贏得父母的信任。家長可以逐步放寬守則，例如容許他們上網，但如果他們違反任何規則，則會再次被收緊使用。也許，可以試着讓他在父母的監管下或限時使用新的Facebook帳戶，直至他能自律之時，便慢慢放寬時間和使用限制。

欺凌者的父母應該要承認孩子的錯誤，並且向受害者的父母發出道歉信。這種負責任的做法，對你的孩子也是一個好榜樣。

話說回來，預防始終勝於治療。**教導孩子使用互聯網的價值觀，例如尊重別人、有禮貌、尊重私隱和誠實。安全地使用互聯網。**教導孩子要保護自己的密碼，在發布圖片或留言前三思，以及要登出網上帳戶。不要胡亂打開不知名人士或未經認證的信息。愈早教導孩子良好的上網行為愈好，而要改變上網惡習，則有心不怕遲。

網上欺凌的風氣肆虐，而基督教家庭的孩子並沒有對被欺凌或欺凌別人免疫。因此，父母更需要透過閱讀上帝的話和活出基督徒應有的特質，向孩子灌輸對上帝敬畏的心。智慧王在〈箴言〉6 章 16-19 節如此說：

「耶和華所恨惡的有六樣，

連他心所憎惡的共有七樣：

就是高傲的眼，

撒謊的舌，

流無辜人血的手，

圖謀惡計的心，

飛跑行惡的腳，

吐謊言的假見證，

並弟兄中布散紛爭的人。」

註釋

1 Prensky, Marc.（October, 2001）. Digital Natives, Digital Immigrants. *On the Horizon*, 9, no. 5.

2 Smith, P. K., Mahdavi, J., Carvalho, M., Fisher, S., Russell, S., & Tippett, N.（2008）. Cyberbullying: Its nature and impact in secondary school pupils, *Journal of Child Psychology and Psychiatry*, 49（4）, 376-385.

3 Katz, D.（2002）. *Preventing & Addressing: Sexual harassment.* New York: Downslope Industries.

4 The Hong Kong Federation of Youth Groups（HKFYG）. A Study on Cyber-bullying among Hong Kong Secondary Students in *Youth Study Series* # 44, Sept. 2010, page 105.

5 Huang, Y. Y., & Chou, C.（2010）. "An Analysis of Multiple Factors of Cyberbullying Among Junior High School Students In Taiwan" *Computers in Human Behavior*, 26, 6, 1581-1590.

6 Microsoft Trustworthy Computing Unit Q2-CY 2012.

7 The Hong Kong Federation of Youth Groups（HKFYG）. A Study on Cyber-bullying among Hong Kong Secondary Students in *Youth Study Series* # 44, Sept. 2010, page 110.

8 Walrave, M., & Heirman, W.（2011）. Cyberbullying: Predicting victimization and perpetration. *Children and Society*, 25, 59-72.

9 Kowalski, R. M., et al.（10 February, 2014）. Bullying in the Digital Age: A critical review and meta-anaylsis of cyberbullying research among youth. *Psychological Bulletin*. Advance online publication, page 1.

10 http://www.cyberbullying.ph/2013/01/17/cyberbullying-statistics/

11 Kowalski, R. M., et al.（10 February, 2014）, page 41.

12 同上，page 40.

13 同上。

14 Huang, Y. Y. & Chou, C.（2010）, page 1581.

15 Ybarra, M. L. & Mitchell, K. J.（2004）. Online Aggressor / Targets, Aggressors, and Targets: A comparison of associated youth characteristics. *Journal of Child Psychology and Psychiatry*, 45, 1308-1316.

16 Hinduja, S., & Patchin, J.（2013）. Social Influences on Cyberbullying Behaviors among Middle and High School Students. *Journal of Youth and Adolescence*, 42, 711-722.

17 Willard, N. E.（2007）. Cyberbullying and Cyberthreats: Responding to the challenge of online social aggression, threats, and distress. Champaign, IL: Research Press.

避免網上欺凌

- 父母必須認識何謂網絡欺凌。
- 留意孩子使用智能工具的反應和情緒，若忽然停止使用、在收到短訊或電郵時顯得異象緊張或驚嚇、不太願意上學或外出，則有可能是遭受網上欺凌。
- 要是孩子使用電腦時迴避父母，一見父母便迅速關掉熒幕或程式、被限制使用電腦或手提電話時異常生氣、迴避討論他們在電腦或手提電話上做什麼、或使用多個網上帳戶，有可能是他們參與網上欺凌。
- 營造對話空間，了解孩子發生什麼事。
- 來自網上的欺凌，可以選擇忽略或封鎖。
- 來自學校的欺凌，家長要通知學校，並聯手處理；嚴重的要報警。
- 若孩子是欺凌者，父母要限制孩子使用電子產品。
- 父母必須教導孩子負責任的使用態度。

如何避免沉迷電子遊戲：成年玩家的經驗

上官賢恩

教育心理學家

如何分辨青年打機或上網成癮？

打機時間

長時間於家中或網吧連續上網或打機，經常通宵打機致廢寢忘餐；嚴重者會為繼續遊戲而逃學曠工

語言表現

每逢被要求停止打機或上網，突然性情大變，說話聲浪語氣異於平常，如語調極暴躁或極低沉，嚴重者可能有緊握拳頭、顫抖等小動作

心態思維

對虛擬人物崇尚心態超……
如在現實生活中經常提……
物，或表示渴望成為該……
或「進入」虛擬世界

子女打機成癮父母怎處理？

■不應威脅或直接熄機、剪電線，否則易刺激其負面情緒；嘗試於其他時間對話接觸；電腦應設在開揚處，免子女長時間沉迷

■若子女崇拜特定虛擬人物，家長應避免斷言苛責或「貶落」該人物；可先了解相關遊戲及人物，甚或運用該人物其他正面的特色，打開溝通之門

■要長遠解決子女機癮，家長應給予耐性，首先建立正面的親子關係，甚至與子女一起參與遊戲，助他們正面了

網絡遊戲成癮　擲25萬買道具

防家人網絡成癮錦囊

1. 家人倘突然索取金錢，應詳問原因，以防未有足夠考慮下，將巨款投入網絡遊戲
2. 如家人的人際關係轉差，或因打機拒絕出街，或是網絡成癮徵兆，應盡快提醒及求助社工
3. 留意打機時間，應盡量協助發展其他健康嗜好
4. 勿強行禁打機，因適量參與是減壓方法，應予以尊重
5. 幫助成癮者分析戒除的好處及持續成癮的弊端
6. 改善電腦位置，可由房間改放廳中，多人使用及出入可減打機機會；亦可除掉電腦喇叭或音效卡，減低官能刺激，有助減少打機興趣及成癮機會

資料來源：綜合香港遊樂場協會總發展主任溫立文及精神科專科醫生丁錫全

孩子沉迷電子遊戲實在是全球父母都會擔心的問題。我到學校演講的時候，每次的問答環節都會有家長提出這個問題。家長總是期望孩子長大後就不會再沉迷，彷彿只有青少年會沉迷遊戲一樣。**但現實中，沉迷電子遊戲的問題並不是青少年的專利，甚至成年人可能沉迷得更嚴重。很多家長都不願相信或承認問題的嚴重性。**

安德烈（化名）是成功人士的典範。他在一個充滿愛的基督教家庭中長大，在家中受教育，直至高中，就讀於宣教士子女學校。他在國內頂尖的大學修讀管理工程，然後以優異成績從賓夕凡尼亞大學華頓商學院（Wharton School）工商管理學碩士畢業。他在約紐的 IBM 公司上班，最近則回到馬尼拉幫忙家族生意，他家族是做地產發展商的，而他則成為了公司的首席財務官。他娶了位賢內助，又有一名三歲的女兒。他實在是一位快樂的成功人士。但在這完美的故事背後，他有一個「陰暗面」，就是沉迷電子遊戲，但他願意開放的反省和與人分享。

他本人以及這次面談有趣及可貴之處，在於他生命的透明度和坦率，還有他能清楚表達自己的觀察和分析。他承認雖然現在他比較能夠控制自己的遊戲習慣，但並未完全離開沉溺行為，而他與互聯網的關係依然有高低起伏的日子。

童年和青少年期

安德烈的父親在菲律賓是位著名的牧師，他一直在基督教環境成長、備受愛護。首次接觸電子和網上遊戲是在六年級的時候，那時他的同學帶了電子遊戲機上學。他對遊戲的興趣漸漸變成了熱愛，父母也曾嘗試阻止他。後來，他們在一條家庭規則上妥協：就是每玩一小時遊戲，就要先讀一小時書。安德烈被迫遵從，但有時候奸詐地一邊看電視一邊閱讀，就是為了賺得那一小時的遊戲時間。

遊戲使人上癮，他開始連睡覺也顧不得，甚至玩到凌晨時分。他的成績一落千丈；但由於天生聰明，所以還能撐到畢業。進了大學後，第一年的生活事事讓他感到新鮮，他成績優異，運動方面也非常傑出。可是，到第三年時，他對遊戲的沉溺使他成績再度下滑。但他再一次以小聰明力補不失，順利畢業。

初職和成年

安德烈繼續在華頓商學院修讀工商管理學碩士，但他獨個兒在美國，沒有家人為他守望，又沒有忙碌的社交生活，結果使他的沉迷問題變得失控。有時，他會連續玩六個小時，然後只睡兩個小時就上學去，頭腦一點也不清醒。有一年他甚至玩超過 2,000 小時的電子遊戲。他知道自己的問題開始失控，但無法自控，因他享受在遊戲裏晉級、獲得更高成就和獎勵。

上帝總有祂的辦法。祂透過兩個夢跟安德烈説話。安德烈夢見自己成了一個老人家，樣貌恐怖，心裏害怕，而且浪費了自己的生命。他知道若然自己仍然這樣沉迷遊戲，他的生命就會如此。在另一個夢中，他看見一名金髮女孩與他擦身而過，卻沒有回頭望他一眼。他明白如果不處理自己的沉溺問題，將來的太太都會離他而去。透過許多的禱告和堅強的意志，他對遊戲的熱情開始冷卻了。

安德烈很後悔自己曾浪費幾百小時在遊戲上。他可以用那些時間做一些更加榮耀神的事，包括閱讀《聖經》、祈禱、與家人一起，甚至只是休息。

與此同時，上帝為他預備了一位同行者，他是安德烈經歷轉變的關鍵人物。戴西（化名）從亞利桑那州來探望安德烈在紐約的教會。他倆一拍即合，初次見面傾談之後，安德烈就約會她。她來自一個保守的基督教家庭，從來都沒有玩過這些遊戲。所以戴西對男朋友有一個特別的要求：他除了要以上帝為個人救主，還要是一個不玩任何電子或網上遊戲的人。

安德烈欣喜若狂，他當時符合條件可以跟她約會，因為他有一段時間沒有玩電子遊戲，他也承諾了不會玩。他們深深相愛，然後幸福快樂地結了婚，還生了女兒娜塔莉（化名）。那幾年間，安德烈幾乎完全沒有碰過這些遊戲。他看着身旁的戴西和娜塔莉，心想：如果沉迷了電子遊戲，那實在會錯過了太多美好的事物。

風險與弱點

從一位沉溺遊戲的人的角度來看，他看見哪些警告？他又會給各位家長怎樣的提議？

安德烈相信玩遊戲的人，性格上有一項關鍵因素。

他從小到大，知道自己是一個很怕悶的人，無論在課堂上、對話中，還是看電視的時候。當課堂或對話超過 20 分鐘，他就會開始感到鬱悶，很快他便不能再集中精神。相反地，**遊戲既刺激又有動態。他說他需要這種精神上的刺激，但這種刺激卻使他愈來愈沉迷電腦遊戲，而且愈玩愈久。**

其次，安德烈知道自己有點強迫症。無論遊戲抑或工作，一旦開始做一件事，就必須完成它。今天作為生意人，他必須努力克制自己，否則很容易成為嚴重的工作狂。他就是執著要解決整幅拼圖才會罷休的類型。**遊戲會鼓勵這種強迫行為，因為遊戲中總有許多障礙要跨過，還可以達到更高的級數。當他到了最高級，遊戲公司就會創造出新的關卡挑戰他。遊戲中並沒有長久的滿足。**

第三，他認為當自己孤獨一人或悠閒時更容易墮進沉迷的陷阱。如果週末沒有工作或社交活動，**與別人玩網上遊戲可以讓他感到充實，也可以持續刺激他的腦袋。**他說，沉迷在遊戲當中的人，實在快活不知時日過。

最後，**他認為自己也相當喜愛競爭，所以遊戲裏**

的獎勵對他而言非常吸引。賺取經驗值購買更強的「角色」，然後再開拓新的關卡，這些都讓他對遊戲愛不釋手。他說：「玩了那個遊戲，我停不了。」

現在作為父親，對女兒娜塔莉玩遊戲有幾項規則。他讓她玩一些 15 分鐘內可以完成的遊戲。他又建議玩家要設法使玩遊戲變得不那麼方便，例如將遊戲從 iPad 上刪除。一經刪除，要重新安裝遊戲就起碼要經過四個步驟。

安德烈也提醒父母要留意子女有沒有沉迷遊戲的徵兆，也要認知有關的風險因素。如果孩子覺得欠缺家人關心 ── 那些活在緊張關係當中的、衝動的、不能自制的人更容易沉迷遊戲。而且，他又警告說，長時間單獨使用電腦也代表他們可以很容易接觸色情資訊。

遊戲不只在線上

我為了進一步了解遊戲的玩法和遊戲者的思想，我與兒子景信面談。他是一位遊戲玩家，也曾修讀遊戲設計。他現時 20 多歲，一直都有玩電子遊戲。那天他說：

「我已經記不起未玩遊戲的日子。」沒錯，他小時候已經開始接觸遊戲。三年前當他完成大學的環境科學學位，決定回到他「初戀」的懷抱，在溫哥華電影學院修讀了兩個證書課程——電影和遊戲設計。他現時在一間媒體公司上班。

那時，一些好友知道景信要修讀電子遊戲設計課程，他們都關注他是否已經或可能有沉迷電玩的問題。當他們得知他沒有沉迷後，反而非常驚訝。他們不明白為何我會接受兒子修讀這些課程，這豈不是讓他有更多機會接觸遊戲，因而有更大機會沉迷嗎？所以我認為要聽聽他的意見。

他認為，**父母的規管和自我約束都是重要的。**景信小時候只有很少時間玩遊戲，因為他是雙語課程的學生。他聽從了父母的規則，要記錄着玩遊戲或看電視的時間。他爸爸也確保景信是花自己的錢來買遊戲玩。當他要儲一個學期、甚至一年的零用錢才能買遊戲，表示他需要認真考慮那個遊戲是否值得他花上積蓄來買。他爸爸會陪他到電子遊戲商店選購。那樣，我們就可以知道他所選擇的遊戲，而孩子也能自我審查。

我還要補充一點，景信小時候有玩各類型的遊戲。我們會為他購買一些互動的遊戲，讓他可以從中學懂計劃、思考、實踐和改進，而不是只買一些昂貴的電子玩具。他常常玩火柴盒車，又自己砌了一條迷你鐵路，讓火車在上面行走和停站。他擁有許多得寶、樂高、機械系列，這些都是動手砌的遊戲，讓他可以花許多時間在安靜堆砌一些建築物和創作故事。他還按指示逐塊逐塊的砌成一架空軍飛機。**我認為由於他接觸過不同種類的玩具，又跟鄰居一起玩耍，令他對「玩樂」有更均衡的概念。**

其次就是要有智慧地選擇。電子遊戲的布局可以複雜得令人難以想像。景信年幼時已經讀過許多關於他喜愛的電子遊戲的資料，他會想像最後的情節去決定那個遊戲是否值得購買和是否能滿足他。他由小至大都喜歡有故事情節的遊戲，即是有布局、角色、問題和解決辦法，就像小說或電影一樣。不過電影大約只有兩小時，有故事情節的遊戲要很長的時間，所以當中的角色也會表現得更淋漓盡致，因而使遊戲更有趣。還有，故事情節的遊戲很互動，讓遊戲者能建構角色的所有方面。喜愛小說的人可以用文字寫出故事；遊戲者則可以透過影像寫出故事。

其中一個不錯的非連線、不易沉迷的例子就是《祕境探險》(*Uncharted Series*）系列，是類似《奪寶奇兵》風格的三套動作冒險遊戲。相對其他遊戲而言，這個劇情很短，但情節精彩，而且角色都很棒。

為何人會沉迷遊戲？

線上遊戲可以是令人沉迷的，但不是每一個有劇情的線上遊戲都一定令人沉迷。著名的《星際大戰：舊共和國》(*Star Wars: The Old Republic*）裏劇情是主要賣點。故事完了之後可能會沒那麼有趣，但也是物有所值的，因為玩家可以按自己的時間和節奏再玩 次，就像重讀一本書那樣。另一方面，《魔獸世界》(*World of Warcraft*）由於有許多可以探索的境地，加上角色可以不斷升級，則容易使玩家上癮，他們會想為角色買愈來愈精良的裝備，然後再贏取愈來愈多的獎勵，因此也花上愈來愈多的金錢和時間來維持這種狀態。兩者都是大型多人在線角色扮演遊戲（Massively Multiplayer Online

Role-playing Games, MMORPGs），沉迷遊戲的人都會難以自制，但兩者之間仍然有一定的差別，對玩家的影響也不一樣。

景信作為一名電子遊戲設計畢業生，他知道遊戲設計者會研讀心理學，從而理解怎樣吸引玩家，以及如何令他們願意留在遊戲中不斷晉級。遊戲工業是一門很大的生意，因此推動玩家繼續買他們的產品或「角色」是一項重要的目標。不過，另一方面，**如果我們能有智慧地玩遊戲，它就不只是一個遊戲，它可以成為一種藝術，就像書本和電影一樣。**又正如坊間有好的電影和壞的電影，有值得看的書和不值得看的書，遊戲世界中也有對遊戲者有益和造成傷害的遊戲。

説到底，這都是玩家對遊戲的選擇：在哪樣的遊戲花上時間金錢，以及要為自己的選擇負責任。**遊戲的確是自制力的測驗。正如其他運動和興趣一樣，自律就是成功的關鍵。**始終，遊戲只是一個客體，遊戲者才是主體。

認識電子遊戲的好與壞

過去幾十年，許多研究都指出玩電子遊戲帶來的負面影響，包括沉迷、抑鬱、性情暴躁和使人產生攻擊性行為。當中特別令人關注的是暴力的遊戲。大家都擔心玩了這些遊戲，玩家會吸收了遊戲中的思考模式，因而影響他們成長後的行為。**研究員警告説，玩暴力遊戲的人「操練着要對敵人警剔，又會認為以暴易暴是可以接受的，而且會對暴力帶來的後果不敏感。」**[1]

不過，並非所有遊戲者都會受到這樣的影響。一些神經質、不易妥協、良心較弱和易怒的青少年，最容易被暴力的電子遊戲影響，但其他人則不太受影響。[2] 那些受到負面影響的人，本身已有類似的性格傾向，使他們更易受這樣的暴力媒體影響。

雖然很多研究都反映出遊戲的負面影響是不容忽視的，但也有不少具分量的研究指出，遊戲會帶來好處。**要明白電子遊戲對兒童和青少年發展的影響，我們必須持有更均衡的視覺。**

研究指出電子遊戲對空間感、記憶、策略思維和小肌肉的協調都有正面影響。[3] 電子遊戲也能提升遊戲者的視覺技術。電腦遊戲對認知學習的價值亦已被廣泛認可，包括有助於邏輯推理、解決問題和作出選擇。[4] 另外，電子遊戲也是一個強力的媒介，讓課程設計者可以透過創建一個豐富的描述世界而達到教育目標。在這些豐富的世界裏，青少年可以當上科學家、醫生、作家和數學家，然後「批判性地透過複雜的學科內容，建構一個虛擬世界」。[5] 遊戲亦提供了一些學習新技能和改善社交網絡的機會。當遊戲裏有足夠的挑戰、控制和有意義的選擇，那麼暴力的元素則顯得不太重要。[6] 在一些分析中，**電子遊戲的內容才是最重要的。遊戲內容到底是有助社交還是反社會的，對於遊戲者的心理和行為都有不同的影響。**

家長的責任

孩子需要相當的時間才能認識自己、學習自制和決定怎樣運用空餘時間。在孩子懂得作出智慧的抉擇之前，則需要家長的引導。**家長需要好好留意，孩子是否有上網成癮或沉迷遊戲的徵兆。**請家長誠實地回答以下問題。

1. 你的子女是否常常都若有所思，卻對身邊的環境漠不關心？

2. 子女是否在電腦上花上愈來愈多時間，比預期還多？

3. 當無法使用電腦或上網時（如乘坐交通工具或在校時），他會否有點不安、情緒化、易被刺激或抑鬱？

4. 他有沒有以謊話來掩飾自己花在遊戲上的時間和金錢？

5. 他有沒有借助遊戲來逃避問題或排解不安的情緒？

6. 他玩遊戲的情況有沒有危害與家人的關係、功課或事業？

如果六題之中有三題你答了「是」，那就是危險的警示；有五至六題答了「是」，那麼你現在就需要尋求協助，正視問題。

不要被控制

安德烈清楚知道自己有沉迷網上遊戲的問題。他現在都特別小心，不再讓自己有任何藉口忽視這個問題。最初他企圖合理化自己的做法，因為他很少看電視，所以空餘時間可以玩玩遊戲。他又試圖説服自己，雖然成績曾經因此下滑，但他仍然能及時以優異成績畢業。

這樣將沉迷合理化是危險的，因為當你再次開始玩遊戲，便會上癮。他很後悔這些年來浪費了那麼多時間。在他的信仰裏，他相信我們死後都會受到審判，審問我們有沒有作自己的時間、恩賜和金錢的好管家。他問自己：「我能向上帝展示什麼？」他沉迷遊戲的日子裏付上了巨大的代價。「為了主，我不想被任何東西控制着。這不是關乎我為主做什麼，而是關乎我為主放棄什麼。」

那樣的決心，的確是一個好開始，也是榮耀上帝的實際方法。

註釋

1 Douglas A. G. et al.(2014). Mediators and Moderators of Long-term Effects of Violent Video Games on Aggressive Behavior Practice, Thinking, and Action. *JAMA Pediatrics*, 24 March, 2014 doi: 10.1001/jamapediatrics.2014.63

2 Markey, P. M., & Markey, C. N.(2010). Vulnerability to Violent Video Games: A review and integration of personality research. *Review of General Psychology*, 14, 2, 82-91.

3 Max-Planck-Gesellschaft.(2013). Brain Regions can be Specifically Trained with Video Games. *Science Daily*, 30 October 2013. www.sciencedaily.com/releases/2013/10/131030103856.htm

4 De Aguilera, A., & Mendiz, G.(2003). Video Games and Education: Education in the face of a parallel school. *ACM Computers in Entertainment*, 1, 1-14.

5 Sasha A. B., et al.(2010). Transformational Play: Using games to position person, content, and context. *Educational Researcher*, 39, 525.

6 Przybylski, A. K., Ryan, R. M., & Rigby, C. S.(2009). The Motivating Role of Violence in Video Games. *Personality and Social Psychology Bulletin*, 35, 243-259.

電子遊戲的益與害

- 父母可以認識玩電子遊戲對孩子有建設性的一面，不用一味禁止。
- 電子遊戲可以建立孩子的空間感、記憶、策略思維和小肌肉協調。
- 具故事情節的遊戲比較具吸引力，但也容易使人沉迷，家長宜陪同孩子一同選購。
- 了解孩子的遊戲內容，能達教育目標但又可有挑戰性和想像力的遊戲，也能建立孩子。
- 某類性格的孩子，如怕悶、愛挑戰、好競爭等，比較容易沉迷電子遊戲。
- 留意孩子有否成癮或沉迷的徵兆。
- 協定玩樂的時間，訓練孩子玩遊戲時的自律。
- 家長要為孩子提供不同類型的遊戲和玩樂，讓他們得到平衡的娛樂，不會獨沽一味，專玩線上遊戲。

7

智慧運用互聯網，全家一起成長

利安祖

心理學者、母親

作為一名家長，我總是怕自己太縱容孩子使用傳播媒體。作為一名有抱負的教育從業員，看見傳媒比學校更迅速地贏得少年人的心，也使我非常懊惱。

不過，不得不承認，各種媒體為我的家庭帶來了一些正面影響。媒體大大地提高了我們尋獲資訊、並將資訊分類及應用的效率。只需按幾個鍵，搜索網上圖書館和資料庫，我們寫論文和完成功課的速度大大提高，質量也能提升，讓我們有更多時間追尋自己的興趣。我們的社交生活也變得豐富，有了新的方法與朋友保持聯繫，不論是現時的玩伴，還是舊朋友，都能保持聯絡。我們的兩名孩子在讀大學時已經懂得透過互聯網賺外快：他們透過互聯網教年輕人英語會話，因而很早就成為了「服務出口商」，對國民生產總值有所貢獻。

然而，我卻認為年輕人使用媒體時，常常成為了全球經濟中的「消費者」而不是「生產者」，他們是毫不起眼的一兵一卒，而不是主角。當青少年沒有意識地花費大量時間上網，他們便失去了使自己的創意和想像力進步的機會。反而，他們很容易成為娛樂和各樣主意的販賣目標。

當孩子踏進青春期，**作為父母會留意到全球的媒體文化如何影響着孩子的習慣、語言和身分認同。**他們學習着西方的一套文化，卻與自己的文化疏離。我和丈夫從與孩子的對話中留意到，他們開始認為電子遊戲中的人物都是英雄，甚至比我們在他們年幼時所説的歷史故事和傳説中的人物更偉大。孩子們很少想到自己可以為社羣貢獻什麼，他們只看到國家的「貧窮」、「落後」和絕望。他們只是模仿偶像的打扮和言談，並不懂得自己以意創造。我們恐怕媒體所傳遞的訊息，使孩子忘了他們是菲律賓人和基督徒 —— 這些身分都是帶有責任的，不只有權利。

媒體對養育孩子的挑戰

我和丈夫因着培訓和輔導工作的緣故，都非常倚賴網絡資源。我們在家裏很少開電視，但電腦卻是長期開着的，以致孩子們都習慣上網消遣，而不再看電視。**這種習慣也影響着他們與同輩間的話題，影響了他們愛交哪類型的朋友。**這引起了一個問題。孩子們熱愛上網，便漸漸覺得他們教會主日學裏的朋友都是「悶蛋」，結果我們一家人離開了原本的教會。我的孩子不喜歡談論電視節目、籃球、時裝、影視明星和肥皂劇，他們只喜歡跟別人談論電腦遊戲，以及在網上看過的事物和認識的人。當孩子們開始認為教會生活沉悶，我和丈夫便四處尋找能使孩子享受和「融入」的教會。不知不覺間，我們選擇教會的條件竟然是它的「社交方向」（Social Address），而非塑造孩子屬靈生命成長的「社交過程」（Social Process）。媒體主宰了孩子對於「跟哪些人相處更有趣」的想法。

我們的工作需要常常在家中使用電腦，所以，我們（也許太隨意地）不單讓孩子熟悉了電腦的使用，也讓他們非常熟悉互聯網的世界。作為一位年輕的母親，我未曾意識到網絡世界背後的真正危機。我以為孩子們在基督教教育的環境下成長，必定對世界的垃圾有足夠的免疫力。孩子們卻經歷着日常生活與屬靈生命的不協調，這是個經典的衝突。媒體就是問題的核心。有一天，我好奇地播放孩子留在桌面上的一片光碟，結果卻令人十分擔憂——那是一隻有成人題材內容的光碟。這使我非常震驚！

作為家長，發現了這樣的事，我們很自然就會覺得需要控制和規管孩子的行為。我們要檢查他們所玩的遊戲、所瀏覽的網頁，只讓他們到我們所「認可」的網站。他們稍有異動，我們便控制得更緊。結果，家庭關係變得僵化。我和丈夫很快便發現，定了這些規矩之後，整家人都感到無力。我既不能好好運用時間做所想做的事；孩子們也不能充分運用媒體的優點（如發現新的念頭或做功課）。我們退縮，愈來愈少運用資源，沒有讓資源豐富我們的見識。一方面，我們視媒體為讓孩子發展的工具，另一方面，我們又視它為惡魔。

父母如何運用媒體

要衡量在家裏可以做哪些日常的媒體活動，實在花費不少心思和時間。**作為家長，我認為媒體是全人發展的有效工具，但家長和老師都應該裝備好，知道如何教導年輕人成為有智慧和負責任的媒體使用者。**

於是，**我們立刻關注四名孩子各自的上網習慣，並根據各自的習慣來教導。**首先，我們將所有電腦都放在同一個房間，讓我們能同時知道他們在電腦上做什麼。這個房間就位於主人房樓上，所以如果有孩子在規定的時間外偷偷上網，我丈夫（他睡得很淺，很容易醒過來）也能起牀檢查檢查。

然後，**我丈夫開展了一系列的父子約會，從信仰角度教導兒子們關於男子氣概、貞潔和男女關係的問題，因為我們發現兩名兒子都有瀏覽過色情網頁和線上遊戲。我也留意到他們有時表現暴躁，可能是與暴力遊戲所得的「訓練」有關，便把握適當的時機告訴他們這些發現，但儘量避免用説教的語氣。**我和丈夫都是心理學家，所以我們可以有根有據地跟他們説出行為改造和改變的原因。我們會跟他們討論一些研究結果，指出兒童時期接觸媒體暴力，成年後會有侵略性行為；而這並不會因一個人的社經地位、智商、或父母因素而影響，父母因素就如父母使用媒體的習慣或父母的侵略性行為（例如 Browne & Hamilton-Giachritsis, 2005 年的研究）。當孩子們吵架或打架，我們就將這轉化為一個一起祈禱的機會，讓他們明白自己所接觸的媒體信息如何影響着他們的心靈意志。

至於兩名女兒，我推行了一個鼓勵他們愛上閱讀和音樂的計劃。讓她們可以發掘書本、想像、旋律和弦樂的有趣之處。我們鼓勵他們上網搜尋最新出版的書籍、查考書中不明白的新詞語或成語、研究其他年輕人怎樣玩音樂和解決問題。女兒們很能發掘新的教育網站，然後與她們的兄弟分享。最後，他們都喜愛在 YouTube 上看有關創意創作的免費影片。這些正面和有益的主意，讓他們自自然然的不再瀏覽那些無益的網頁。我們沒有禁止孩子使用媒體，而是讓他們明白，媒體應該用來幫助他們達成目標和滿足他們的需求。不正當使用媒體的壞影響，大兒子親身經歷，所以弟妹都知道要有智慧地使用互聯網。**我們與所有孩子一起訂立使用和購買媒體的規矩和界線。他們要明白追逐最新的電子產品是愚蠢的，因為許多它們標榜的特色、功能都是用不着的。**

五年前，我們終於找到一間孩子們都認為「夠好玩」的教會。這間教會經常運用媒體，而孩子們也自然地參與媒體事工的服事 ── 為教會製作影片和音樂短片。在學校和教會，他們的朋友圈子裏，其他年輕人都適切地、負責任地運用媒體。

誰來守護孩子？

到底家庭怎樣面對媒體、色情、粗言穢語和互聯網上其他壞影響的挑戰？就是將這些困難帶進屬靈的層面。我們發現，孩子需要從《聖經》中學習怎樣做出正確的決定。透過溝通，我們幫助他們發展一套操行守則，**畢竟我們無法 24 小時看守他們。我們按着《聖經》建立了一套家庭倫理**，教育他們，無論我們花時間來做什麼，這都是我們屬靈的敬拜；而且，我們使用媒體之時，上帝都與我們同在。

現在，他們的網頁瀏覽紀錄再沒有不正當的痕迹，電腦磁碟裏的音樂也相當有益！他們在道德屬靈的層面上，學會自我監督。

從我的經驗，家長能有什麼學習？我們都要明白和留意新媒體的動向。**只要有一個清晰的教育目標，我們就能避免因禁制孩子任意接觸媒體，而設立不合理的限制，結果父母自己產生內疚感。**我們要培育孩子的想像力、滋養他們的心靈，讓他們札根於上帝的道，又讓他們能判斷，什麼是有智慧的事、什麼是可敬的事、什麼是善的事。（詩 119：11 及腓 4：8）

利安祖（Angelita B. Resurreccion）

自由國際顧問，專長於企業發展、創業教育、成就動機、訓練員培訓、培訓設計和實踐，以及計劃發展。現於菲律賓大學攻讀教育心理學博士，在同校已獲得心理學學士及社會心理學碩士。於 1981 年任職荷蘭管理科學研究所（Research Institute for Management Science, RVB）。現時擔任新加坡亞工信息網（Technonet Asia, Singapore）的顧問，也在該公司出版和編輯過不少文章。她管理自己的公司 Passion for Perfection，並與丈夫雷克斯（Rex），育有四名子女。

有智慧使用互聯網

- 以各種禁令或規限控制孩子的上網時間和內容，未必能建立孩子。
- 留意孩子的上網喜好和習慣，按其需求引導。
- 讓孩子明白互聯網的價值和功用，協議善用網絡資源。
- 引導孩子使用互聯網建立個人喜好和學習有興趣的事物。
- 與孩子設定使用互聯網的教育目標，與孩子一起訂立使用和購買媒體的規矩和界線。
- 向孩子灌輸正確的人生和價值觀，裝備他們過網絡生活。

第四部分

科技再想像——讓科技成為你和孩子的學習工具

互聯網除了是讓我們消遣的「地方」，家長有否想過還可以怎樣應用呢？要建立孩子的資訊素養，由善用科技開始。

8 查珍妮：網上婚姻教育資源

9 施正和：撰寫網誌與心性操練

網上婚姻教育資源

查珍妮

婚姻教育工作者

「親愛的，社區中心逢星期二晚舉辦婚姻教育課程，一共六次。一起參加好嗎？」Sue 滿腔熱情地問。

但 Jack 卻提出許多合理的考慮。「那段時間的交通實在很繁忙……起碼要一個小時才能到達；我們又要花錢請人看管孩子，即使他們提供免費看管服務，又過了孩子們該睡的時間；一整天的工作後，我真的會很累；我也不太喜歡在其他陌生人前談論我們的關係。」

一週後，Sue 有了新主意。「親愛的，網上有一個婚姻教育課程。我們可以在家裏上課，又可以按自己的時間來上。怎麼樣？」這次，Jack 的反應截然不同。

解決婚姻問題的資源

對 21 世紀的夫婦而言，**網上的婚姻教育課程是相當吸引的。方便、舒適、有私隱，就是這三個重要原因，讓網上課程成為明日的趨勢。**作為婚姻教育者，我明白要夫婦親身出席婚姻教育課是多麼困難、昂貴和費時。因此，我們便發展了一套網上資源，讓他們可以在方便、舒服和有私隱的環境下，學習一套經 40 年認證、有效修補關係，並保持婚姻中浪漫愛情的婚姻模型。

我們大部分的婚姻教育都由網頁 MarriageBuilders.com 提供，網頁是由臨牀心理學家及暢銷書作者哈里博士（Dr. Willard F. Harley, Jr.）於 1996 年創立，也曾獲得獎項。網頁上差不多覆蓋了每一個可能遇到的婚姻問題的處理方法，而且已經幫助了全球數以百萬的夫婦。哈里博士提出的十個基本概念，清楚勾畫出創造一段充滿關懷和熱情的婚姻的關鍵之處。

MarriageBuilders.com 提供了許多有幫助和免費的資源。**只要將夫婦間所面臨的問題在搜尋器上搜索，就能找到網頁裏相關的文章和問答專欄，對症下藥。**網頁上還有一個匿名的討論區，讓夫婦有機會將他們的問題拿出來，與那些正正面對過類似問題的過來人討論。另外，夫婦也可以在星期一至五的一個電台節目上，透過電郵或直接與哈里博士夫婦（哈里博士夫婦結婚已經超過 50 年了）談論他們所面對的問題，節目更設有手提電話應用程式（App）。上述所提，只是 MarriageBuilders.com 其中一些途徑，幫助現今的夫婦建立鞏固婚姻之時，又不忘「方便」的重要性。

網站上的文章、問答專欄、討論區和電台節目，在這些年來都很有效地幫助夫婦處理各樣婚姻問題，但 MarriageBuilders.com 還提供一個更有系統的方法，讓夫婦能享有成功的婚姻。首先，夫婦可以填寫哈里博士的「情緒需要問卷」、「婚姻殺手問卷」和「婚姻問題分析」，這些問卷可以在網頁的「問卷」部分免費下載。填完問卷，夫婦二人就能有更清晰的目標，培育婚姻裏的熱情。哈里博士著作《他需她要》（*His Needs, Her Needs*）、《他不需她不要》（*Love Busters*），以及《浪漫愛情五步走》手冊（*Five Steps to Romantic Love*）都教導了夫婦可以如何達到這些目標。

用家自訂的程序

雖然夫婦只需跟着哈里博士的計劃就能擁有美滿的婚姻，但有些人還是需要點額外的動力。所以我們還有以合理的價錢提供一兩個網上的講座，讓夫婦能在家進修「他需她要：培養一生的熱情」和「他不需要她：改善妨礙熱情的習慣」。這 24 堂課基本上覆蓋了婚姻中可能遇到的所有問題。夫婦可以在觀看網上講座後，認清他們所面對的問題，然後按自己的需要而調整課程的先後次序，可以首先面對最迫切的問題。換句話說，他們可以自己製訂課程次序，配合他們的需要。當夫婦完成了兩個課程的功課後，他們的關係便得以修復，婚姻也會令雙方都感到滿足。事實上，這是有相當保證的！

雖然這些網上講座和家中研習課程，對某些夫婦來說已經提供了很大動力，仍有些人對完成習作感到無力。可惜的是，上婚姻教育課程的夫婦，通常都不是那些希望在愛裏付出更多的人。尋求我們專業協助的夫婦，通常已經歷着深度的無助感，以及難以想像的悲劇生活。在這種關係中的夫婦，實在很難有足夠的動力完成課程——他們對偶配欠缺好感到一個程度，甚至不留戀這段關係，更何況是完成婚姻課程？然而，這種「急症夫婦」還是有盼望的。

對於那些找不到時間來上課，或欠缺動力的人而言，網頁上還提供另一個層次的幫助：Marriage Builders® 網上計劃。這個計劃特別為有動力完成網上講座和家課研習的夫婦而設：

1. 有一名責任教練，指導夫婦在網上講座和家課研習中聚焦他們獨特的婚姻目標。

2. 這計劃每星期都會發出電郵，以問卷評估夫婦在解決婚姻問題中的進度。

3. 如果問卷反映夫婦對課堂有疑問，他們的責任教練就會致電給他們，幫助他們克服困難。

4. 如果他們有任何疑問或需要鼓勵，他們都可以主動寫電郵或致電責任教練。

5. 我們每個月都會評估他們的進度。

6. 如果他們在任何一個課堂有問題想問哈里博士，他們可以到討論區發出私密信息，哈里博士會親自回覆他們。

改變的科技，不變的需求

近年科技進步，今天的互聯網世代和連線的生活方

式，為教育提供了空前的機會。科技的進步減少了交通和日程的問題，也讓世界各地的人都可以參與。由於愈來愈多人熟悉這樣的科技發展，以確實和有用的建議，協助人們處理婚姻問題的機會亦大大增加。

今日的科技已改變了我們學習和溝通的方式，但我們 Marriage Builders® 的專業目標並未改變。雖然回想起 25 年前，當我和丈夫擁有第一台 256k 記憶體的座枱電腦，與今天的世界截然不同，但 Marriage Builders® 的目標依然是幫助有需要的婚姻。**同樣的目標，運用 21 世紀的科技，讓 21 世紀的夫婦能以合理價錢、方便和有效的方法接受婚姻教育。**

查珍妮博士

(Jennifer Harley Chalmers, Ph.D.)

註冊心理學家和婚姻教育者，有超過 20 年經驗。與丈夫菲拉（Phil）結婚超過 30 年，居於菲律賓，兩名女兒已成年。與父親哈里博士（Dr. Willard F. Harley, Jr.）合著 *Surviving an Affair*（戰勝婚外情）及 *The Four Gifts of Love Workbook*（愛的四份禮物手冊）。哥哥史提夫（Steve Harley）也是一名婚姻教育者，擔任 MarriageBuilders.com 網頁的主管。

主編解讀：接受網上輔導

婚姻是人生中最重要的選擇。每一個進入婚姻的人都希望這是一生一次的承諾。然而，無論新婚夫婦或老夫老妻，沒有人擁有關於婚姻的完美知識，婚姻教育也不是學校的課程。而且，亞洲人通常因為害羞而遠離婚姻輔導。

網上學習是一個不錯的選擇。文章介紹的 MarriageBuilders.com 不只提供免費資源，如文章和廣播節目，也有收費的服務，如諮詢和輔導。根據哈里博士的十大婚姻原則，顧客可以參與網上的研討會和課程。這是一個非常方便的方法，讓準新人和夫婦不斷學習有關婚姻的課題，以及澄清和解決他們之間的問題。

我們邀請夫婦，考慮瀏覽這個網頁，或者其他網上的婚姻諮詢網頁。由於婚姻是終生的學習，我們都需要一些鼓勵。這篇文章可以激勵已經接受了訓練的心理學家、教會導師或輔導員考慮其他路線，透過網絡去擴展他們的工作，接觸更多受眾以及提供支援服務。

善用網上資源

- 網上學習也可以是成長的途徑，找尋可靠的網站，讓父母和子女一起學習和成長。
- 近年網上興起一種稱為「慕課」的網站，「慕課」MOOK（Massive Open Online Course），是大規模開放的線上課程，香港也有大專和大學提供，家長可以善用。
- 父母可以藉網上學習平台，幫助子女學習更多課外知識，增廣見聞。
- 父母可以尋找網上資源，增進婚姻的支援，建立愉快家庭。
- 不少機構都設有網上資源，供家長免費使用的，例如：http://www.breakthrough.org.hk/material_archive.xhtml

撰寫網誌與心性操練

施正和

博客

最初寫網誌的時候，我沒有想過把它當成網上日記。我視網誌為一個當我不在家時，或在另一部電腦上寫作和翻查自己文章的地方。我認為這個媒介很可靠，也很有彈性。別人能在網上閱讀我所寫的，而主若許可，也可以透過我的網誌祝福他們。

雖然當時我對《聖經》不太熟悉，但第一件做的事就是按〈箴言〉16 章 3 節所説的：「你所做的，要交託耶和華，你所謀的，就必成立。」我將網誌和寫作交到主手上，求主使用。那時開始，我就只管盡力寫，上帝一直掌管着我的寫作。

不久後，我持續寫作的動機轉變了。我的寫作變得更有目的、更有方向，而每篇作品的寫作靈感也變得更清晰。我也學懂了寫作要讓人易於閱讀，有時也會分享自己的文章，希望文字能祝福他人。透過寫網誌，上帝讓我能持續寫作，也讓我能表達對祂的愛。

我的網誌不再只是一個網上的倉庫，貯藏我的文章——當然，它的確還有這個用途；**它現時有更多的面**

向，無論在生命還是日常生活，它一方面讓我表達內心的感受，另一方面是操練自律的工具。

寫網誌有助學習

我寫作，特別是撰寫網誌的理由，包括了以下幾點。

撰寫網誌讓我能有效學習。很多人都說寫日記能讓我們回顧和牢記過往的經歷。當我將所學到的教訓和經文寫到日記上，我進入了學習的過程，將這些內容寫進我腦海之中。我寫下來的事情比起沒寫下來的事情記得更清楚。

既然〈箴言〉7 章 3 節寫道：「繫在你指頭上，刻在你心版上」，那麼當我將《聖經》經文寫在紙上，或寫到網誌上，上帝的話語就更容易刻在我的心上。**寫網誌是一個精神活動，有助於將上帝的話語沉澱，加強記憶。將東西寫下來是最有效的記憶法；遵守祂的話語之先，當然需要先記住祂的話。**

另一個我喜歡寫網誌的原因，是它讓我可以進一步

整理思考。當我將所知道的寫下來，或者將筆記的內容抄出來，我便有機會整理和編輯內容。而在網上寫作比用紙筆更容易，因為若要更新內容、增加資料等都方便得多。我可以讓念頭在腦海中盤旋，從不同的角度探索它，然後一有新主意就寫下來。

〈詩篇〉77 章 12 節這樣寫：「我也要思想你的經營，默念你的作為。」寫網誌讓我可以一面做研究、一面寫作。這樣做的時候，也讓我看見主話語中的深度和寶貴，使我不得不謙卑於主前。

除了整理資料，網誌也成了一個空間，讓我表達內心世界。〈路加福音〉6 章 45 節記載：「心裏所充滿的，口裏就説出來。」同樣，我心裏所充滿的，就藉着網誌的文字流露出來。過程中我能整理情緒，盼望也能透過這工作使上帝得榮耀。

正因「……心裏所充滿的，口裏就説出來。」當我沒有靠近上帝，我的寫作都變得沒有方向。寫來寫去都是些世俗的思慮、充滿掙扎、揮之不去。雖然我可以運用文字寫出美麗的詩篇，或者充滿藝術文化氣息的文章，但是字裏行間卻沒有平安。今天，我卻知道要倚靠誰，在誰的能力和聖潔中休息。雖然我在上帝面前仍不完美，但我在祂的信實和恩典中努力抓住祂，我這種心境的流露，也反映在寫作中。

心性的操練

恆常撰寫網誌培養我有紀律的習慣。我為自己定下刊登的目標，每個月最少要寫下某個數量的文章或網誌，這樣我變得更有紀律，或者說是更自律。要是一個月內能持續地寫作，就反映我與基督保持着健康的關係；因為我知道惟有靠着祂，我才能寫出屬靈的文章。

〈約書亞記〉1 章 8 節記載：「這律法書不可離開你的口，總要晝夜思想，好使你謹守遵行這書上所寫的一切話。如此，你的道路就可以亨通，凡事順利。」這節經文再次提醒我們，要有紀律地恆常遵守上帝的話。如果我不能寫作，那就代表我需要花點工夫在與上帝一對一的關係中，重建我們之間的團契。無論如何，我總能迅速地從我的網誌上看見自己屬靈生命的光景。

寫網誌也讓我可以與人分享我所寫的東西。與實體的日記簿不同，網誌可以更即時向更廣闊的羣眾説話。這媒介讓我可以與他人討論我的寫作和想法，也讓他人能自由地閱讀我的文章。《聖經》教導我們要互相建立、在信仰上彼此勸慰和教導，這就是我其中一個實踐的方法。

〈歌羅西書〉3 章 16 節説：「當用各樣的智慧，把基督的道理豐豐富富地存在心裏，用詩章、頌詞、靈歌，彼此教導，互相勸戒，心被恩感，歌頌神。」雖然我寫作並不是為了勸戒人，但我為主所寫的，祂可以按祂的旨意來使用。我當然希望所寫的每篇文章都流露祂的信息。偶爾就會有人告訴我，我手所作的工的確是一項祝福，這也讓我在順服中得到肯定。

另一樣網上寫作的好處和挑戰，就是作者更需要為所寫的文章負責任。記憶可能會變得模糊或會改變，但白紙黑字的寫作卻很容易被翻查或再使用。所説過的話可能會在記憶中轉變，但寫下來的文字卻不容易更變。這就是説，網上作品的讀者羣更大，而作者寫過的內容亦容易被別人引用或指出問題。

〈以弗所書〉4 章 25 節這樣寫的：「所以，你們要棄絕謊言，各人與鄰舍説實話，因為我們是互相為肢體。」這節經文提醒我們要對人誠實。我把文章放上網誌，也促使我要負起一種責任：我藉着神的恩典而寫作，我的生命也要活出跟隨基督的標準。

文字與信仰

我發現能夠寫作，以及能透過網誌來寫作，都是上帝寶貴的禮物。寫作就是由古至今用來傳遞知識和信息的傳統方法。我們信仰的根基就是上帝和祂的《聖經》。雖然上帝可以透過不同的方式啟示祂自己，但祂選擇了以文字，讓歷世歷代的基督徒可以了解基督教教義的根基。

要向幾千人不斷地演講也許是困難的，但透過一本書，就可以接觸到同樣數量的讀者，他們可以按自己的需要來閱讀。今天要運用錄影或錄音的方法來保存電子複本已經非常普及，同樣，文字也可以變成電子檔案，人們可以按個人速度，閱讀不同的文本，讀完再讀也非常方便。

許多基督教學者都以寫作來表達他們在信仰中的學習，以寫作來分享他們的經驗，並將讚美歸予我們天上的父。〈哈巴谷書〉2 章 2 節寫道：「將這默示明明地寫在版上，使讀的人容易讀。」寫作確實是一個讓基督徒分享的平台，我們可以透過寫作來傳揚上帝的智慧、將彼此相愛的心傳開；而我們作為福音的使者，要向其他人和世界傳講祂的信息，也是史無前例地容易。

〈彼得前書〉4 章 10 節寫道：「各人要照所得的恩賜彼此服事，作神百般恩賜的好管家。」時間證明了上帝給予我寫作的恩賜，也賜我寫作的心志和熱誠，祂可以使用我的寫作來成就祂的旨意。能成為祂的兒女實在是我的榮幸，有機會透過這雙手的服侍榮耀祂的名也是我的祝福。因着這個原因，我能寫作和寫網誌。

願所有榮耀頌讚歸於上帝，祂的主權和慈愛直到萬代！

施正和

菲律賓 JHG Trading Inc. 行政副總裁，基督徒使命團契（Christ Commission Fellowship Church）會友。喜愛作家是魯益師和托爾金。個人網誌：yronhand.wordpress.com

主編解讀：還要寫網誌嗎？

寫網誌是一個不錯的訓練，讓我們思考和釐清自己的想法。然而，環顧現今，大多博客撰寫的題材都是圍繞一些外在的事物，如美食、時裝和旅遊，當中相片多於文字，又或僅僅記載了他們每日的活動，更多的是炫耀他們那多姿多采的人生——吃了什麼、做了什麼、去了哪裏。可惜的是，愈來愈少博客撰寫一些更加內在、深層的內容，如他們的想法、問題，以至對事情嶄新的看法。

一次因緣際會，我透過施正和的博客，認識了他。事緣我在網絡搜尋自己的名字，打算取回一篇曾經刊於報章的文章，卻很詫異在一個網誌上看見自己的名字。他曾參與我主講的講座，摘下一份十分詳盡的筆記。我看了他幾篇網誌，發現他是一個很有洞察力的思想者。他會把從教會和會議聽來的內容寫成短文和詩，文章很有組織性，網誌也會定期更新。這是一種操練，一直以這種方式幫助自己思考和作決定，並時常以感謝作結。

若然我們能把一些跟朋友分享的內心思想，如與一些好朋友、教友的對話寫成網誌，那麼，寫網誌也可以成為一種靈性的操練。在幫助我們與他人保持聯繫之餘，更重要的是，讓我們與自己走得更近，更認識自己吧！

學習寫作

- 好幾年前，有不少青年人寫作網誌或部落格，但現在網誌已顯得式微了；取而代之的是 Facebook 專頁。不過愛寫作的人仍有維持寫作網誌的習慣，所以網上仍有不少網誌，也有主題式的資訊網誌，也是不錯的親子閱讀材料。
- 父母可以透過網誌，讓孩子瀏覽他人的作品，或從有興趣的主題網誌中學習新事物。
- 如果孩子喜歡寫作，鼓勵他們試寫網誌，不要只留意衣食住行，嘗試分享深入和思考的事。
- 不論是否在網上發表，寫作都可以訓練孩子的紀律和責任感，學習表達個人感受和增強學習效果，父母不妨鼓勵孩子多寫作。

總結：

互聯網與你的九種關係

上官賢恩

現在我們有互聯網隨時效勞，要留意的是如何與它成為朋友。別會錯意，我不是說「如何在互聯網上交朋友」。我們可以選擇自己的朋友，並要互相珍惜、彼此喜歡和分享責任。就像流行歌歌詞那樣說：「找到她（互聯網），永不放手。」但互聯網也像瑪門（金錢）那樣，我們是主人，它是服侍我們的最佳工具，但我們不用服侍它。

從本書的九篇文章裏，能總結出數碼科技和媒體與我們有何種關係？

1. **作為數碼科技的消費者，我們要常常反省網上所呈現和推廣的世界觀所帶來的影響。**每一件看似美好的事物，都有其黑暗的一面。當我們盲目地從熒幕上吸收各樣的主意和概念，我們可能最終失去了自己的核心信念。**孩子的思想很容易被數碼世界所塑造和影響，所以，家長守護孩子的責任重大。**

2. 社交媒體是一片讓人沉醉於自戀和自我陶醉的肥沃之地，卻不是一處讓人學習何謂生命中真正的身分和價值的美地。使用者的情緒心理健康是一個重要因素，也是一些人愈來愈多倚賴社交媒體的原因，而這肯定將人性最光輝和最黑暗的一面都表露無遺。生命，就是我們怎樣運用時間。**上網是否值得你花上最好的精神和時間？那些網上的「朋友」是否真正的朋友？網上展示的自己是否真正的自己？還是你仍害怕把自己脆弱的一面顯示於人前？**

3. 21 世紀的識字教育已被資訊科技重新定義。沒錯，數碼閱讀為我們提供了更多互動的機會，也有更大自由度和更有趣。**但要有良好的詞語學習和閱讀理解，則需要以傳統閱讀和數碼閱讀雙管齊下，兩個學習平台一起運用。**而正如印刷書一樣，家長也要選擇在電腦上的閱讀材料，並規管子女的閱讀時間。

4. 兩代之間，不同之處甚多，幾乎每件事都可以用來批評對方。**當新科技愈來愈普及，身為家長的我們，要走出安舒區、跟過往所看重的東西說再見，實在一點不容易。**改變從來都不簡單，但只要我們願意睜開眼看清楚其好處、壞處，學習適應，就沒有問題了。現代的作家發揮着重要的角色。

5. 網上欺凌情況普遍，而且給我們的孩子帶來非常巨大的傷害。但網上欺凌並不是在一夜之間發生的。**家**

長應留意孩子的生活，包括他們的個性和行為，留意有沒有網上欺凌的徵兆。不論是被欺凌者還是欺凌者，都是預防勝於治療的。

6. 遊戲沉溺同樣不是一夜之間發生的。但如果忽略孩子的徵兆、延遲了給他們的幫助，則一天比一天危險。教養子女並不是只關注他們的學業成績，也要為他們提供遊戲和活動的選擇，以及教導他們如何自我調整。而且，**教養子女，父母就要睜開雙眼看清楚環境中潛藏的危機，不論是孩子生活的物質世界，還是心理世界，都同樣重要。**

7. 數碼科技和媒體給父母帶來很多挑戰。即使是基督徒的父母，都會對孩子是否有智慧運用科技時面臨掙扎。每個孩子的個性都不同，每個孩子都需要個別的引導。**有自律的父母，才有自律的孩子；有智慧的父母，就有智慧的孩子。要成為有權威的父母，就要先訂下確定而一致的紀律守則，為孩子定下清晰的界線。**

8. 數碼科技減少距離，也節省了時間。**現在科技甚至能為一些忙碌或被隔離的人，提供所需要的輔導。**雖然網上指導是面對面輔導外的另一個極佳的選擇，但我們不能忽略身為人類所擁有的社羣性，我們仍需要有血有肉的同伴支持、給予溫暖。

9. 撰寫網誌可以讓年輕人透過寫下信息和閱讀的重點，培養出有紀律的習慣。寫網誌幫助記憶，但更重要的是可以記錄個人的反省點滴。**寫網誌不但讓人可以持續思考，也透過有紀律地與別人分享寶貴的經驗，讓人有效表達情感。**

能編輯這本書實在是我的榮幸，我也衷心盼望讀者能從中得到有用的主意和方法，鼓勵着你閱讀更多、更深入反省「我的生命有什麼意義？」這個問題。問了這個問題，你就更能反省「數碼科技對我的生命有什麼意義？」這個問題了。

正如法國後印象派藝術家高更（Paul Gauguin）的名畫上所提的字：D'où Venons Nous / Que Sommes Nous / Où Allons Nous？我們也應常常問自己：**我們從哪裏來？我們是誰？我們往哪裏去？**

上官賢恩

2014 年 5 月
菲律賓馬尼拉